Début d'une série de documents en couleur

Couvertures supérieure et inférieure détériorées

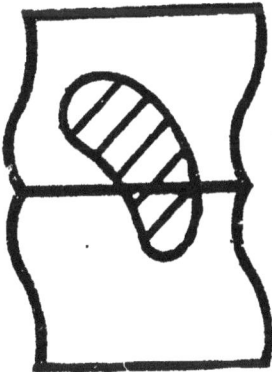

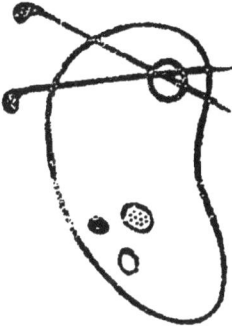

Illisibilité partielle

COUVERTURES SUPERIEURE ET INFERIEURE D'IMPRIMEUR.

I0166496

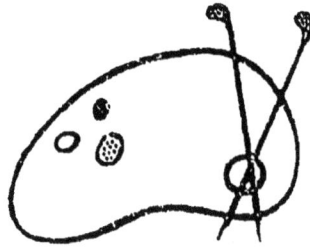

Fin d'une série de documents
en couleur

LES

CONTEURS A LA RONDE

SÉRIE IN-8

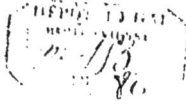

CHARLES DICKENS

LES

CONTEURS

A LA RONDE

TRADUIT DE L'ANGLAIS

PAR AMÉDÉE PICHOT.

LIMOGES

EUGÈNE ARDANT ET Cⁱᵉ, ÉDITEURS.

CONTEURS A LA RONDE

L'HISTOIRE DU PARENT PAUVRE.

Il lui répugnait beaucoup d'avoir la préséance sur tant de membres honorables de la famille, en commençant la première des histoires qu'ils allaient raconter chacun à leur tour, assis en demi-cercle auprès du feu de Noël, et, modestement, il suggéra qu'il serait plus convenable que ce fût d'abord John, « notre estimable hôte, » dont il demandait à porter la santé. « Quant à lui, dit-il, il était si peu fait à se mettre en avant, qu'en vérité... » Mais ici tous s'écrièrent d'une voix unanime qu'il devait commencer, et ils furent d'accord pour répéter qu'il le pouvait, qu'il le devait, qu'il le ferait. Il discontinua donc de se frotter les mains, retira ses jambes de dessous son fauteuil et commença :

Je ne doute point, dit le parent pauvre, que par la confession que je vais vous faire, je surprendrai les membres réunis de notre famille, et particulièrement John, notre estimable hôte, à qui nous avons une si grande obligation pour l'hospitalité magnifique avec laquelle il nous a traités aujourd'hui. Mais si vous me faites l'honneur d'être surpris de n'importe ce qui vient d'un membre de la famille aussi insignifiant que moi, tout ce que je peux vous dire, c'est que je serai d'une scrupuleuse exactitude dans tout ce que je vous raconterai.

Je ne suis point ce qu'on me suppose être. Je suis tout autre. Peut-être avant d'aller plus loin, serait-ce mieux d'indiquer d'abord ce que l'on suppose que je suis.

On suppose, ou je me trompe fort, — les membres réunis de notre famille me relèveront si je commets une erreur, ce qui est bien probable (ici, le parent pauvre promena autour de lui un regard plein de douceur pour encourager la contradiction), — on suppose que je ne suis l'ennemi de personne que de moi-même et que je n'ai jamais réussi en rien. Si j'ai fait de mauvaises affaires, c'est, dit-on, parce que j'étais impropre aux affaires et trop crédule pour pénétrer les desseins intéressés de mon associé; — si j'échouai dans mes projets de mariage, c'est parce que, dans ma confiance ridicule, je regardais comme impossible que Christiana consentît à me tromper; — si mon oncle Chill, dont j'attendais une belle fortune, me donna mon congé, c'est parce qu'il ne me

trouva pas l'intelligence commerciale dont il m'aurait voulu voir doué. Enfin, je passe pour avoir été
toute ma vie continuellement dupe et désappointé,
à quoi on ajoute que je suis à présent un vieux garçon âgé de cinquante-neuf ans et bien près de
soixante, qui vit d'un revenu limité sous la forme
de pension payée par quartier, — chose à laquelle
je vois que notre estimable hôte John ne veut pas
que je fasse davantage allusion. Voilà pour le passé.
Voici ce qu'on suppose encore de mes habitudes et
de mon genre de vie actuel :

J'occupe un logement garni à Clapham-Road, —
petite chambre très-propre, sur le derrière, dans
une maison respectable, — où on ne s'attend pas à
me trouver pendant la journée, à moins que je ne
sois indisposé, car je sors tous les matins à neuf heures, sous prétexte d'aller à mes affaires. Je prends
mon déjeuner, une tasse de café au lait avec un petit pain et du beurre, — à l'antique café situé près
du pont de Westminster ; je vais ensuite dans la
Cité, — je ne sais trop pourquoi ; — je m'asseois au
café de Garraway, puis sur les bancs de la Bourse ;
et de là, poursuivant ma promenade, j'entre dans
quelques bureaux et quelques comptoirs, où quelques parents et quelques vieilles connaissances ont
la bonté de me tolérer, et où je me tiens debout contre la cheminée si la saison est froide. Je remplis
ainsi ma journée jusqu'à cinq heures : je dîne alors,
dépensant pour le repas, la moyenne d'un shelling
trois pences. Ayant toujours quelque argent de po-

ché pour mes soirées, je m'arrête, avant de rentrer
chez moi, à l'antique café du pont de Westminster
où je prends ma tasse de thé et peut-être ma tar-
tine de pain rôti. Enfin, quand l'aiguille de l'horloge se rapproche de minuit, je me dirige vers Clapham-Road et, à peine rentré dans ma chambre, je
me mets au lit, — le feu étant chose coûteuse et
mes propriétaires ne se souciant pas que j'en fasse
parce qu'il faudrait qu'on eût la peine de me l'allu-
mer et que cela salit une chambre.

Quelquefois un de mes parents ou une de mes
connaissances m'invite à dîner. Ces invitations sont
mes jours de fête, et ces jours-là, je vais généralement me promener dans Hyde-Park. Je suis un
homme solitaire, et il est rare que je me promène
avec un compagnon; non pas qu'on m'évite parce
que je suis mal vêtu, — car j'ai toujours une mise
décente, toujours vêtu de noir (ou plutôt de cette
nuance connue sous le nom de drap d'Oxford qui
fait l'effet d'être noir et qui est de meilleur usage);
mais j'ai contracté l'habitude de parler bas, je garde
volontiers le silence, et n'étant pas d'un caractère
très-gai, je sens que je ne suis pas d'une société
très-séduisante.

La seule exception à cette règle générale est l'enfant de mon cousin-germain, le petit Frank. J'ai
une affection particulière pour cet enfant et il est
très-bon pour moi. C'est un enfant naturellement
timide, qui s'efface bientôt dans une réunion nom-
breuse et y est oublié. Lui et moi cependant nous

sommes parfaitement ensemble. Je crois deviner
que, dans l'avenir, le pauvre enfant succédera à ma
position dans la famille. Nous causons peu, et cependant nous nous comprenons. Nous faisons notre
promenade en nous tenant par la main et sans beaucoup parler ; il sait ce que je veux dire comme je
sais ce qu'il veut dire. Lorsqu'il était plus petit enfant, je le conduisais aux étalages des boutiques et
lui montrais les joujoux. C'est extraordinaire comme
il eut bientôt deviné que je lui aurais fait beaucoup
de cadeaux, si j'avais été dans une situation de fortune à pouvoir les lui faire.

Le petit Frank et moi nous allons faire le tour
de la colonne monumentale de la Cité, — il aime
beaucoup cette colonne ; — nous allons sur les ponts,
nous allons partout où l'on peut aller sans payer.

Deux fois, au jour anniversaire de ma naissance,
nous avons fait un petit dîner avec du bœuf à la mode,
pour aller ensuite au spectacle à moitié prix, et cette
partie nous a vivement intéressés.

Je me promenais un jour avec Frank dans Lombard-Street, que nous visitons souvent parce que je
lui ai raconté que c'est une rue qui contient de
grandes richesses, — et il aime beaucoup Lombard-Street. Un passant m'arrête et me dit : « Monsieur,
votre jeune fils a laissé tomber son gant. » Excusez-moi de vous faire part d'une circonstance si triviale…;
je sentis mon cœur vivement ému en entendant
ainsi, par hasard, appeler l'enfant mon fils; et les
larmes m'en vinrent aux yeux.

Lorsque l'on enverra Frank en pension à quelques lieues de Londres, je ne saurai trop que devenir ; mais je me propose d'aller l'y voir une fois tous les mois et de passer avec lui un demi-congé. Ces jours-là, les écoliers jouent sur la bruyère ; si on m'objectait que mes visites dérangent les études de l'enfant je pourrai toujours le regarder de loin, pendant la récréation, sans qu'il m'aperçoive, et je retournerai le soir ici. Sa mère est d'une famille qui a un certain rang aristocratique et elle n'approuve pas, on m'en a prévenu, que nous soyons trop souvent ensemble. Je sais que je ne suis point d'une humeur à rendre le caractère de Frank moins timide et plus gai ; mais je me persuade qu'il me regretterait quelquefois si nous étions tout-à-fait séparés.

Lorsque je mourrai dans ma chambre de Clapham-Road, je ne laisserai pas grand'chose en ce monde, d'où je n'emporterai pas grand'chose non plus ; cependant je me trouve posséder la miniature d'un enfant à l'air radieux, aux cheveux frisés, avec chemise à collerette ouverte, que ma mère disait être mon portrait, mais que j'ai peine à croire avoir été jamais ressemblant. Cette miniature ne se vendrait pas cher et je prierai qu'elle soit donnée à Frank. J'ai écrit d'avance une petite lettre à mon enfant chéri pour lui être remise en même temps : je lui exprime là combien cela me fait de peine de le quitter, quoique forcé d'avouer que je ne sais trop pourquoi je resterais en ce bas monde. Je lui donne quelques

courts avis afin de le mettre en garde contre les
conséquences d'un caractère, qui fait qu'on n'est
l'ennemi de personne que de soi-même, et je m'ef-
force de le consoler d'une séparation... qui l'affligera,
j'en suis sûr... en lui prouvant que j'étais ici de trop
pour tous, excepté pour lui, et que, n'ayant pas su
comment trouver ma place dans cette grande foule,
mieux vaut pour moi en être dehors : telle est l'impression générale relativement à moi, dit le parent
pauvre en élevant un peu plus la parole, après avoir
toussé pour s'éclaircir la voix. — Eh bien, cette
impression n'est pas exacte, et c'est afin de vous le
démontrer que je vais vous raconter ma véritable
histoire et les habitudes de ma vie qu'on croit connaître et qu'en ne connaît pas : Ainsi d'abord, on
suppose que je demeure dans une chambre à Clapham-Road. Comparativement parlant, j'y suis très-
rarement. La plupart du temps je réside, —j'éprouve
quelque pudeur à prononcer le mot, tant ce mot
semble prétentieux... je réside dans un château. Je
ne veux pas dire que ce soit un château baronial,
mais ce n'en est pas moins un édifice, connu de
tous sous le nom de CHATEAU. Là, je conserve
le texte de la véritable histoire de ma vie et la
voici :

J'avais vingt-cinq ans. Je venais de prendre pour
associé John Spatter, qui avait été mon commis, et
j'habitais encore dans la maison de mon oncle Chill,
dont j'attendais une grande fortune, lorsque je
demandai Christiana en mariage. J'aimais Chris

tiana depuis longtemps; elle était d'une rare beauté, attrayante sous tous les rapports. Je me défiais bien un peu de la veuve, sa mère, qui était d'un caractère intrigant et très-intéressé; mais je tâchais d'avoir d'elle la meilleure opinion possible à cause de Christiana. Je n'avais jamais aimé que Christiana et, dès l'enfance, elle avait été pour moi l'univers tout entier, que dis-je? plus encore.

Christiana m'accepta pour son prétendu avec le consentement de sa mère, et je me crus le plus heureux des mortels. Je vivais assez durement chez mon oncle Chill, fort à l'étroit et fort triste dans une chambre nue, espèce de grenier sous les combles, aussi froide qu'aucune chambre de donjon dans les vieilles forteresses du Nord. Mais, possédant l'amour de Christiana, je n'avais plus besoin de rien sur la terre. Je n'aurais pas changé mon sort contre celui d'aucun être humain.

L'avarice était malheureusement le vice dominant de mon oncle Chill. Tout riche qu'il était, il vivait misérablement et semblait avoir toujours peur de mourir de faim. Comme Christiana n'avait pas de dot, j'hésitai longtemps à lui avouer notre engagement mutuel; à la fin, je me décidai à lui écrire pour lui apprendre toute la vérité. Je lui remis moi-même ma lettre un soir, en allant me coucher.

Le lendemain, je descendis, par une matinée de décembre : le froid se faisait sentir plus sévèrement encore dans la maison jamais chauffée de mon oncle, que dans la rue où brillait quelquefois du moins le soleil d'hiver, et qui, à tout événement, s'animait des visages souriants et de la voix des passants. Ce fut avec un poids de glace sur le cœur que je me dirigeai vers la salle basse où mon oncle prenait ses repas, large pièce avec une étroite cheminée et une fenêtre cintrée, sur les vitres de laquelle les gouttes de la pluie, tombée pendant la nuit, ressemblaient aux larmes des pauvres sans asile. Cette fenêtre s'éclairait du jour d'une cour solitaire aux dalles crevassées, et qu'une grille, aux barreaux rouillés, séparait d'un vieux corps de logis ayant servi de salle de dissection au grand chirurgien qui avait vendu la maison à mon oncle.

Nous nous levions toujours de si bonne heure, qu'à cette saison de l'année nous déjeunions à la lumière. Au moment où j'entrai, mon oncle était si crispé par le froid, si ramassé sur lui-même dans son fauteuil derrière la chandelle, que je ne l'aperçus qu'en touchant la table.

Je lui tendis la main... mais, lui, il saisit sa canne (étant infirme il allait toujours avec une canne dans la maison), fit comme s'il allait m'en frapper et me dit — Imbécile !

— Mon oncle, répondis-je, je ne m'attendais pas à vous trouver si irrité... En effet, je ne m'y attendais pas, quoique je connusse son humeur irascible et sa dureté naturelle.

— Vous ne vous y attendiez pas ! répliqua-t-il. Quand vous êtes-vous donc attendu à quelque chose? Quand avez-vous jamais su calculer ou songer au lendemain, méprisable idiot !

— Ce sont là de dures paroles, mon oncle.

— De dures paroles ! Ce sont des douceurs quand elles s'adressent à un niais de votre espèce, dit-il. Venez, venez ici, Betsy Snap ,regardez-le donc! »

Betsy Snap était une vieille femme au teint jaunâtre, aux traits ridés, notre unique servante, dont l'invariable occupation, à cette heure du jour, consistait à frictionner les jambes de mon oncle. En lui criant de me regarder, mon oncle lui appuya sa maigre main sur le crâne, et elle, toujours agenouillée, tourna les yeux de mon côté. Au milieu de mon anxiété, l'aspect de ce groupe me rappela la salle de dissection telle qu'elle devait être du temps du chirurgien anatomiste, notre prédécesseur dans la maison.

— Regardez ce niais, cet innocent, continua mon oncle. Voilà celui dont les gens vous disent qu'il n'est l'ennemi de personne que de lui-même. Voilà le sot qui ne sait pas dire *non*. Voilà l'imbécile qui fait de si gros bénéfices dans son commerce, qu'il a été forcé de prendre un associé l'autre jour. Voilà le beau neveu qui va épouser une femme sans le sou, et qui tombe entre les mains de deux Jézabels spéculant sur ma mort. »

Je vis alors jusqu'où allait la rage de mon oncle ; car il fallait qu'il fût réellement hors de lui pour se servir de ce dernier mot, qui lui causait une telle répugnance, que nulle personne au monde n'aurait osé s'en servir ou y faire allusion devant lui.

« — Sur ma mort ! répéta-t-il comme s'il me bravait moi en bravant son horreur du mot... Sur ma mort..., mort.... mort ! mais je ferai avorter la spéculation. Faites votre dernier repas sous ce toit, nigaud que vous êtes, et puisse-t-il vous étouffer ! »

Vous devez bien penser que je n'apportai pas un grand appétit pour le déjeuner auquel j'étais convié en ces termes; mais je pris à table ma place accoutumée. C'en était fait, je vis bien que désormais mon oncle me reniait pour son neveu... Je pouvais supporter tout cela et pire encore.... je possédais le cœur de Christiana.

Il vida, comme d'habitude, sa jatte de lait, évitant toujours de la poser sur la table et la tenant sur ses genoux, comme pour me montrer son aversion pour moi. Quand il eut fini, il éteignit la chandelle, et nous fûmes éclairés par la terne lueur de cette froide matinée de décembre.

— Maintenant, monsieur Michel, dit-il, avant de nous séparer, je voudrais dire un mot, devant vous, à ces dames.

— Comme vous voudrez, monsieur, repris-je ; mais vous vous trompez vous-même et nous faites une cruelle injure, si vous supposez qu'il y ait dans cet engagement réciproque d'autre sentiment que l'amour le plus désintéressé et le plus fidèle.

— Mensonge ! » répliqua-t-il, et ce mot fut sa seule réponse.

Il tombait une neige à moitié fondue et une pluie à moitié gelée. Nous nous rendîmes à la maison où demeurait Christiana et sa mère. Mon oncle les connaissait. Elles étaient assises à la table du déjeuner et elles furent surprises de nous voir à cette heure.

— Votre serviteur, madame, dit mon oncle à la mère. Vous devinez le motif de ma visite, je présume, madame. J'apprends qu'il y a dans cette maison tout un monde d'amour pur, désintéressé et fidèle. Je suis heureux de vous amener ce qu'il y manque pour compléter le reste. Je vous amène votre gendre, madame... et à vous votre mari, miss. Le fiancé est un étranger pour moi; mais je lui fais mon compliment de son excellente affaire. »

Il me lança, en partant, un ricanement cynique, et je ne le revis plus.

C'est une complète erreur (poursuivit le parent pauvre) de supposer de ma chère Christiana, cédant à l'influence persuasive de sa mère, épousa un homme riche qui passe souvent devant moi en voiture et m'éclabousse... non, non... c'est moi qu'elle a épousé.

Voici comment il se fit que nous nous mariâmes beaucoup plus tôt que nous n'en avions le projet. J'avais pris un logement modeste, je faisais des économies et je spéculais dans l'avenir pour lui offrir une honnête et heureuse aisance, lorsqu'un jour elle me dit avec un grand sérieux :

— Michel, je vous ai donné mon cœur. J'ai

déclaré que je vous aimais et je me suis engagée à être votre femme. J'ai toujours été à vous à travers les bonnes et les mauvaises chances, aussi véritablement à vous que si nous nous étions épousés le jour où nous échangeâmes nos promesses. Je vous connais bien... Je sais bien que si nous étions séparés, si notre union était rompue tout-à-coup, votre vie serait à jamais assombrie, et il vous resterait à peine l'ombre de cette force que Dieu vous a donnée pour soutenir la lutte avec ce monde.

— Que Dieu me vienne en aide, Christiana, répondis-je. Vous dites la vérité.

— Michel, dit-elle en mettant sa main dans la mienne avec la candeur de son dévouement virginal, ne vivons plus chacun de notre côté. Je vous assure que je puis très-bien me contenter du peu que vous avez, comme vous vous en contentez vous-même. Vous êtes heureux, je veux être heureuse avec vous. Je vous parle du fond de mon cœur. Ne travaillez plus seul, réunissons nos efforts dans la lutte. Mon cher Michel, ce n'est pas bien à moi de vous cacher ce dont vous n'avez aucun soupçon, ce qui fait le malheur de ma vie. Ma mère... sans considérer que ce que vous avez perdu vous l'avez perdu pour moi et parce que vous avez cru à mon affection... ma mère veut que je fasse un riche mariage et elle ne craint pas de m'en proposer un qui me rendrait misérable. Je ne puis souffrir cela, car le souffrir ce serait manquer à la foi que je vous ai donnée. Je préfère partager votre travail de

tous les jours, plutôt que d'aspirer à une brillante
fortune. Je n'ai pas besoin d'une meilleure maison
que celle que vous pouvez m'offrir. Je sais que vous
travaillerez avec un double courage et une plus
douce espérance, si je suis tout entière à vous... que
ce soit donc quand vous voudrez. »

Je fus, en effet, dans le ravissement ce jour-là ;
nous nous mariâmes peu de temps après, et je con-
duisis ma femme sous mon heureux toit. Ce fut le
commencement de la belle résidence dont je vous ai
parlé ; le château où nous avons, depuis lors, toujours vécu ensemble, date de cette époque. Tous nos
enfants y sont nés. Notre premier enfant fut une
petite fille, aujourd'hui mariée, et que nous nom-
mâmes Christiana comme sa mère. Son fils ressemble
tellement au petit Franck, que j'ai peine à les dis-
tinguer l'un de l'autre.

C'est encore une idée erronée que celle qu'on s'est
faite de la conduite de mon associé à mon égard.
Il ne commença pas à me traiter froidement, comme
un pauvre imbécile, lorsque mon oncle et moi nous
eûmes cette querelle si fatale. Il n'est pas vrai, non
plus, que, par la suite, il parvint graduellement à
s'emparer de notre maison de commerce et à m'éli-
miner ; au contraire, il fut un modèle d'honneur et
de probité.

Voici comment les choses se passèrent : Le jour
où mon oncle me donna mon congé, et même avant
l'arrivée de mes malles (qu'il renvoya, port *non*
payé), je descendis au bureau que nous avions au

bord de la Tamise, et, là, je racontai à John Spatter
ce qui venait d'avoir lieu. John ne me fit pas cette
réponse que les riches parents étaient des faits pal-
pables, tandis que l'amour et le sentiment n'étaient
que clair de lune et fiction ; non, il m'adressa ces
paroles :

— Michel, nous avons été à l'école ensemble,
j'avais le tact d'obtenir de meilleures places que
vous dans la classe, et de me faire une réputation de
bon écolier.

— Cela est vrai, John, répondis-je.

— Quoique j'empruntasse vos livres et les per-
disse, dit John ; quoique j'empruntasse l'argent
de vos menus plaisirs et ne le rendisse jamais ; quoique je vous revendisse mes couteaux et mes canifs
ébréchés plus cher qu'ils ne m'avaient coûté neufs ;
quoique je vous fisse payer les carreaux de vitres
que j'avais brisés...

— Tout cela ne vaut pas la peine qu'on en
parle, John Spatter, remarquai-je, mais tout
cela est vrai.

— Quand vous vous fûtes établi dans cette maison de commerce, qui promet si bien de prospérer,
poursuivit John, je vins me présenter à vous
après avoir vainement parcouru toute la Cité pour
trouver un emploi, et vous me fîtes votre commis.

— Tout cela ne vaut pas la peine qu'on en parle,
mon cher John Spatter, répétai-je ; mais tout
cela est encore vrai. »

John Spatter reprit sans être arrêté par mon inter-

ruption : — Puis, quand vous reconnûtes que
j'avais une bonne tête pour les affaires et que j'étais
vraiment utile à votre maison, vous ne voulûtes pas
me laisser simplement votre commis, et bientôt
vous pensâtes n'être que juste en me faisant votre
associé.

— A quoi bon rappeler encore ces circonstances, John Spatter? m'écriai-je. J'appréciais,
j'apprécie toujours votre capacité, supérieure à la
mienne. »

John, à ces mots, passa son bras sous le mien,
comme il avait coutume de le faire à l'école, et, les
yeux tournés vers le fleuve, nous pûmes, à travers
les croisées de notre comptoir en forme de proue,
remarquer deux navires qui voguaient de conserve
avec la marée, à peu près comme nous descendions
nous-mêmes amicalement le fleuve de la vie. Nous
fîmes mentalement, tous les deux, la même compa-
raison en souriant, et John ajouta :

— Mon ami, nous avons commencé sous ces
heureux auspices; qu'ils nous accompagnent pendant tout le reste du voyage, jusqu'à ce que le but
commun soit atteint; marchons toujours d'accord,
soyons toujours francs l'un pour l'autre, et que cette
explication prévienne tout malentendu. Michel, vous
êtes trop facile. Vous n'êtes l'ennemi de personne
que de vous-même. Si j'allais vous faire cette réputation fâcheuse parmi ceux avec qui nous entretenons des relations d'affaires, en haussant les épau-

les, en hochant la tête avec un soupir, et si j'abusais de votre confiance avec moi...

— Mais vous n'en abuserez jamais, John, jamais...

— Jamais, sans doute, Michel, mon ami; mais je fais une supposition... Si j'abusais de votre confiance en cachant ceci, en mettant cela au grand jour, et puis en plaçant ceci dans un jour douteux, je fortifierais ma position et j'affaiblirais la vôtre, jusqu'à ce qu'enfin je me trouverais seul lancé sur la voie de la fortune et vous laisserais perdu sur quelque rive déserte, loin, bien loin derrière moi.

— C'est ce qui arriverait, en effet, John !

— Afin de prévenir cela, Michel, dit John Spatter, pour rendre la chose à peu près impossible, il doit y avoir une entière franchise entre nous; nous ne devons rien nous dissimuler l'un à l'autre, nous ne devons avoir qu'un seul et même intérêt.

— Mon cher John Spatter, je vous assure que c'est là précisément comme je l'entends.

— Et quand vous serez trop facile, poursuivit John, dont les yeux s'animèrent de la divine flamme de l'amitié, il faut que vous m'autorisiez à faire en sorte que personne ne prenne avantage de ce défaut de votre caractère; vous ne devez pas exiger que je le flatte et le favorise, n'est-ce pas ?...

— Mon cher John Spatter, interrompis-je, je suis loin d'exiger cela. Je veux, au contraire, que vous m'aidiez à le corriger.

— C'est bien là mon intention.

— Nous sommes d'accord, m'écriai-je, nous avons tous les deux le même but devant nous, nous y marchons ensemble, nous cherchons à l'atteindre honorablement ; mêmes vues, un seul et même intérêt ; nous sommes deux amis confiants l'un dans l'autre, notre association ne peut donc qu'être heureuse.

— J'en suis assuré, reprit John Spatter, et nous nous secouâmes la main très-affectueusement. »

J'emmenai John à mon château, et nous y passâmes une journée de bonheur. Notre association prospéra. Mon ami suppléa à tout ce qui me manquait, comme je l'avais bien prévu ; il m'aida à me corriger en m'aidant à faire fortune, et montra ainsi largement sa reconnaissance de ce que j'avais moi-même fait pour lui en l'associant à moi au lieu de le laisser mon commis.

Je ne suis pas cependant très-riche, car je n'ai jamais eu l'ambition de le devenir, dit le parent pauvre en jetant un coup d'œil sur le feu et se frottant les mains ; mais j'en ai assez. Je suis au-dessus de tous les besoins et de tous les soucis, grâce à ma modération. Mon château n'est pas un magnifique château ; mais il est très-confortable : l'air y est doux, on y goûte tous les charmes du bien-être domestique.

Notre fille aînée, qui ressemble beaucoup à sa mère, a épousé le fils aîné de John Spatter. Nos deux familles sont doublement unies par les liens de l'amitié et de la parenté. Quelles soirées agréables que celles où, étant rassemblés devant le même feu, comme cela nous arrive souvent, nous nous entretenons, John et moi, de notre jeunesse et du même intérêt qui nous a toujours attachés l'un à l'autre !

Je ne sais pas réellement, dans mon château, ce que c'est que la solitude. J'y vois toujours arriver quelques-uns de nos enfants et de nos petits-enfants. Délicieuses sont ces voix enfantines, et elles réveillent un délicieux écho dans mon cœur. Ma très-chère femme, toujours dévouée, toujours fidèle, toujours tendre, toujours attentive et empressée, est la principale bénédiction de ma maison, celle à qui je dois la source de toutes les autres. Nous sommes une famille musicienne, et lorsque Christiana me voit parfois un peu fatigué ou prêt à devenir triste, elle se glisse au piano et me chante un air qui me charmait jadis, à l'époque de nos fiançailles. J'ai la faiblesse de ne pouvoir entendre chanter cet air par tout autre qu'elle. On le joua un soir au théâtre où j'avais conduit le petit Franck, et l'enfant me dit, tout surpris : « Cousin Michel, de quels yeux ces larmes brûlantes sont-elles tombées sur ma main ? »

Tel est mon château et telles sont les particularités réelles de ma vie. J'y amène quelquefois le petit Franck. Il est le bienvenu de mes petits-enfants et ils jouent ensemble. A cette époque de l'année, — à Noël et au jour de l'An, — je suis rarement hors de mon château. Car les coutumes et les souvenirs de cette saison semblent m'y retenir; les préceptes de ces fêtes chrétiennes semblent me rappeler qu'il est bon d'être dans mon château.

Et ce château est ? — observa une grande et bienveillante voix de la famille. — Oui, je vais vous le dire, répondit le parent pauvre secouant la tête et regardant le feu, — mon château est un château en l'air. John, notre estimable hôte, l'a deviné. Mon château est dans l'air. J'ai fini, soyez indulgents pour mon histoire (1).

(1) L'équivalent français du « Château en l'Air, a Castle in the air, » est le *Château en Espagne* ; mais le traducteur a cru devoir conserver le sens littéral de l'expression anglaise.

L'HISTOIRE DE L'ENFANT.

Il y avait une fois un voyageur, il y a de cela bien
des années, et le voyageur partit pour un voyage.
C'était un voyage magique, qui devait sembler très-
long lorsqu'il le commença et très-court lorsqu'il
eut fait la moitié du chemin.

Pendant quelque temps il voyagea le long d'un
sentier assez sombre, sans rien rencontrer, jusqu'à
ce qu'enfin il aperçut un joli petit enfant; le voyageur demanda à l'enfant : « Que fais-tu ici ? » Et
l'enfant répondit : « Je suis toujours à jouer, viens
jouer avec moi. »

Le voyageur joua avec cet enfant toute la journée, et ils menèrent joyeuse vie tous les deux. Le
ciel était si bleu, le soleil était si brillant, l'eau était
si étincelante, les feuilles étaient si vertes, les fleurs
étaient si fraîches, ils entendirent chanter tant
d'oiseaux et virent tant de papillons, que tout leur
paraissait superbe. C'était la saison du printemps.
Quand il pleuvait, ils aimaient à regarder tomber les
gouttes de la pluie et à respirer les odeurs des
plantes. Quand il ventait, c'était charmant d'écouter
le vent et d'imaginer qu'il se parlait à lui-même ou
à ceux qui pouvaient le comprendre. D'où vient-il

2

ainsi ! se demandaient le voyageur et l'enfant,
tandis qu'il sifflait, hurlait, poussait les nuages
devant lui, courbait les arbres, tourbillonnait dans
les cheminées, ébranlait la maison et soulevait les
vagues d'une mer furieuse. Mais neigait-il ? encore
mieux, car ils n'aimaient rien tant que de regarder
descendre les flocons de neige semblables au duvet
qui se détacherait de la poitrine d'une myriade
d'oiseaux blancs, et quel plaisir de voir cette belle
neige s'épaissir sur la terre, puis d'écouter le silence
sur les routes et les sentiers de la campagne !

Ils avaient en abondance les plus beaux joujoux du
monde et les plus admirables livres d'images, des
livres qui étaient remplis de cimeterres, de babou-
ches et de turbans, de nains, de génies et de fées,
de Barbes-Bleues, de fèves merveilleuses, de trésors,
de cavernes et de forêts, de Valentins et d'Orsons...
toutes choses nouvelles et bien vraies !

Mais un jour, tout-à-coup, le voyageur perdit
l'enfant. Il l'appela, l'appela encore, et il n'obtint
aucune réponse. Alors il reprit sa route et chemina
quelque temps sans rien rencontrer, jusqu'à ce qu'enfin il aperçut un beau jeune garçon; à ce jeune
garçon le voyageur demanda: «Que fais-tu là ?» Et le
jeune garçon lui répondit : « Je suis toujours à apprendre. Viens apprendre avec moi. »

Le voyageur apprit, avec ce jeune garçon, ce
qu'étaient Jupiter et Junon, les Grecs et les Ro-
mains, d'autres choses encore et plus que je n'en
pourrais dire, ni lui non plus, car il en eut bientôt

oublié beaucoup. Mais ils n'apprenaient pas toujours, ils avaient les jeux les plus amusants qu'on ait jamais joués, ils ramaient sur la rivière en été, ils patinaient sur la glace en hiver. Ils se promenaient à pied et ils se promenaient à cheval ; ils jouaient à la paume et à tous les jeux de balle, aux barres, au cheval fondu, à saute-mouton, à plus de jeux que je n'en puis dire, et personne n'était plus fort qu'eux à ces jeux-là ; ils avaient aussi des congés et des vacances, des gâteaux du jour des Rois, des bals où ils dansaient jusqu'à minuit, et de vrais théâtres où ils voyaient de vrais palais en vrai or et en vrai argent sortir de la terre ; bref ils y voyaient tous les prodiges du monde en quelques heures. Quant à des amis, ils avaient de si tendres amis et un si grand nombre de ces amis que le temps me manque pour les compter. Ils étaient tous jeunes comme le jeune garçon et se promettaient de ne jamais rester étrangers l'un à l'autre pendant tout le reste de la vie.

Cependant, un jour, au milieu de tous ces plaisirs, le voyageur perdit le jeune garçon, comme il avait perdu l'enfant, et après l'avoir appelé en vain, il poursuivit son voyage. Il chemina pendant un peu de temps sans rien rencontrer, jusqu'à ce qu'enfin il vit un jeune homme. Il demanda donc au jeune homme : « Que faites-vous ici ? » Et le jeune homme répondit : « Je suis toujours à faire l'amour. Viens faire l'amour avec moi. »

Le voyageur alla avec ce jeune homme, et ils s'en

furent auprès d'une des plus jolies filles qu'on ait
jamais vues, juste comme Fanny, là dans le coin,
— elle avait les yeux comme Fanny, des cheveux
comme Fanny, des fossettes aux joues comme
Fanny, et elle riait et rougissait juste comme Fanny
pendant que je parle d'elle. Alors le jeune homme
devint tout de suite amoureux, — juste comme quelqu'un que je ne veux pas nommer, la première fois
qu'il vint ici, devint amoureux de Fanny. Eh bien !
il était taquiné quelquefois, juste comme quelqu'un
était taquiné par Fanny ; ils se querellaient quelquefois, juste comme quelqu'un et Fanny ; puis ils
se raccommodaient, allaient chuchoter dans les
coins, s'écrivaient des lettres toute la journée, se
disaient malheureux quand ils étaient loin l'un de
l'autre, se cherchaient sans cesse en prétendant ne
pas se chercher. Noël vint, ils furent fiancés, s'assi-
rent l'un à côté de l'autre auprès du feu, et ils
devaient bientôt se marier... exactement comme
quelqu'un que je ne veux pas nommer et Fanny.

Mais le voyageur les perdit de vue un jour,
comme il avait perdu l'enfant et le jeune garçon : il
les appela, ils ne revinrent ni ne répondirent, et il
reprit son chemin. Il voyagea donc pendant un peu
de temps sans rien rencontrer, jusqu'à ce qu'il
aperçut un homme d'un âge mûr, et il demanda à cet
homme : « Que faites-vous ici ? » Et la réponse
fut : « Je suis toujours occupé, venez vous oc-
cuper avec moi. »

Il alla donc travailler avec cet homme, et, pour

cela, ils se rendirent à la forêt. La forêt qu'ils par-
coururent était longue; au commencement, les arbres
étaient verts comme ceux d'un bois printanier; puis
le feuillage s'épaissit comme un bois d'été; quelques-uns des petits arbres les plus pressés de verdir
brunissaient aussi les premiers. L'homme n'était
pas seul; il avait une femme du même âge que lui,
qui était sa femme, et ils avaient des enfants qui
étaient aussi avec eux. C'est ainsi qu'ils s'en allèrent
tous ensemble à travers le bois, abattant les arbres,
se frayant des sentiers entre les branches et les
feuilles abattues, portant des fagots et travaillant
sans cesse.

Quelquefois ils arrivaient à une longue avenue
qui aboutissait à des taillis plus sombres, et alors
ils entendaient une petite voix qui leur criait de loin :
« Père, père, je suis un autre enfant, attendez-
moi. » Et, au même instant, ils apercevaient une
petite créature qui grandissait à mesure qu'ils avançaient et qui courait pour les rejoindre. Quand le
nouveau-venu était auprès d'eux, ils s'empressaient
tous autour de lui, le baisaient, le caressaient, et
tous se remettaient en marche.

Quelquefois ils s'arrêtaient à quelque carrefour de
la forêt d'où partaient différentes avenues, et l'un
des enfants disait : « Père, je vais à la mer; » un
autre: « Père, je vais aux Indes; » un autre: « Père,
je vais aller chercher fortune où je pourrai; » un
autre enfin : « Père, je vais au ciel. » C'est ainsi
qu'après bien des larmes, au moment de la sépara-

tion, chacun de ces enfants prenait une des avenues et il s'éloignait solitaire; mais l'enfant qui avait
dit : « Je vais au ciel, » s'élevait dans l'air et y dis-
paraissait.

Chaque fois qu'avait lieu une de ces séparations,
le voyageur regardait le père qui levait les yeux
au-dessus des arbres où le jour commençait à dé-
cliner et le soleil à descendre sur l'horizon. Il
remarquait aussi que ses cheveux grisonnaient;
mais ils ne pouvaient s'arrêter longtemps, car ils
avaient un long voyage devant eux, et il leur fallait
travailler sans cesse.

A la fin, il y avait eu tant de séparations qu'il ne
restait plus un seul des enfants. Le père, la mère et
le voyageur se trouvèrent seuls à continuer leur
route. Le bois était devenu jaune, puis il avait bruni
et déjà les feuilles tombaient d'elles-mêmes.

Ils arrivaient à une avenue plus sombre que les
autres, et ils pressaient le pas sans y jeter un regard, quand la femme s'arrêta.

— Mon mari, dit-elle, on m'appelle.

Ils écoutèrent, et entendirent dans la sombre
avenue une voix qui criait de loin : « Mère, mère! »

C'était la voix du premier enfant qui avait dit ;
« Je vais au ciel. » Et le père lui répondit : « Pas
encore, je vous prie, pas encore; le soleil va se coucher, pas encore. »

Mais la voix répétait : « Mère, mère! » sans faire
attention à ce qu'avait dit le père, quoique ses che-

voux fussent alors tout à fait blancs, et quoiqu'il versât des larmes.

Alors la mère qui, déjà enveloppée à moitié des ombres de l'avenue, tenait encore son mari embrassé, lui dit : « Mon ami, il faut que je parte, je suis appelée. » Et elle partit, et le voyageur resta seul avec le père.

Ils reprirent leur chemin ensemble jusqu'à ce qu'ils fussent arrivés presque à la limite de la forêt, de manière à apercevoir, au-delà, le soleil qui colorait l'horizon de sa flamme mourante.

Là encore, cependant, tandis qu'il s'ouvrait une voie à travers les branches, le voyageur perdit son compagnon. Il appela, il appela... point de réponse, et lorsqu'il eut franchi l'extrême lisière du bois, au moment où du soleil couchant il ne restait plus que la trace brillante dans un ciel de pourpre, il rencontra un vieillard assis sur un arbre abattu. « Que faites-vous ici ? » demanda-t-il à ce vieillard ; et le vieillard lui répondit avec un sourire paisible : « Je suis toujours à me souvenir. Venez vous souvenir avec moi. »

Le voyageur alors s'assit auprès du vieillard, à la lueur d'un beau soleil couchant, et tous ses précédents compagnons de route vinrent doucement se placer debout devant lui : le joli enfant, le beau jeune garçon, le jeune amoureux, le père, la mère et tous leurs enfants; tous étaient là et il n'en avait perdu aucun. Donc il les aima tous, bon et indulgent pour tous, toujours charmé de les revoir, et

eux ils l'honoraient et l'aimaient tous. Je crois que
vous devez être ce voyageur, grand-papa ; car c'est
ce que vous faites pour nous, et c'est ce que nous
lisons pour vous.

L'HISTOIRE DE QUELQU'UN

ou

LA LÉGENDE DES DEUX RIVIÈRES.

On ferait une année entière des jours de Noël qui
se sont succédé depuis qu'un riche tonnelier, nommé
Jacob Elsen, fut élu syndic de la corporation des
tonneliers de Stromthal, ville de l'Allemagne méridionale. Le nom de sa famille ne se retrouve peut-
être nulle part aujourd'hui; la ville elle-même
n'existe plus. A une époque postérieure, les habitants accusèrent injustement les Juifs d'avoir égorgé
de petits enfants chrétiens. Ils les expulsèrent de la
ville, et leur firent défense d'en franchir les portes;
mais les Juifs prirent tranquillement leur revanche,
car ils bâtirent une seconde ville à une certaine distance de la première, et ils y attirèrent tout le commerce, en sorte que la ville nouvelle vit graduellement croître ses richesses, tandis que l'ancienne se
vit peu à peu réduite à rien.

Toutefois Jacob Elsen ne connut pas cette persé-
cution. De son temps, les Juifs circulaient dans les
rues sombres et tortueuses, trafiquaient sur la place
du marché, tenaient des boutiques et jouissaient,
comme tous les autres habitants, des priviléges de
la bourgeoisie.

Une rivière coulait à travers la ville de Stromthal, rivière étroite, sinueuse, mais navigable pour les petits bateaux. On l'appelle encore la « Klar. » Comme l'eau de la « Klar » est très-pure, très-agréable à boire, et que la rivière est fort utile au commerce, les habitants du pays l'avaient surnommée la « grande amie » de Stromthal. Ils lui attribuaient la propriété de guérir les maux de l'esprit aussi bien que ceux du corps, et de nos jours encore, bien que beaucoup de personnes, affligées des uns ou des autres, s'y soient plongées ou aient bu de son onde sans s'en trouver beaucoup mieux, leur foi reste la même. Ils lui donnent aussi des noms féminins, comme si c'était une femme, une déesse. La « Klar » est le sujet d'innombrables ballades et histoires qu'ils savent par cœur, ou plutôt qu'ils savaient du temps de Jacob Elsen, car il y avait alors très-peu de livres et encore moins de lecteurs à Stromthal. On célébrait aussi une fête annuelle, nommée « la fête de la Klar, » pendant laquelle on jetait dans le courant des fleurs et des rubans qui flottaient à travers les prairies jusqu'à la grande rivière où la « Klar » se jette.

— La Klar, disait une de ces ballades populaires, n'est-elle pas une merveille entre les rivières? Les autres courants sont alimentés, goutte à goutte, par les rosées et les pluies; mais la « Klar » descend toute grande des montagnes. » Et ce n'était pas une invention des poètes, car personne ne connaissait la source de cette rivière. En vain le conseil

municipal avait offert une récompense de cinq cents
florins d'or à celui qui la découvrirait ; tous ceux
qui avaient essayé de remonter la « Klar » étaient
arrivés à un certain endroit situé à un grand nombre de lieues au-dessus de Stromthal, où son onde
s'échappait entre des rochers escarpés, et où son
courant était si rapide, que ni voiles ni rames ne
pouvaient lutter contre lui. Au-delà de ces rochers
se trouvaient les montagnes nommées « Himmelgebirge, » et l'on supposait que la « Klar » prenait
naissance dans ces régions inaccessibles.

Si les gens de Stromthal honoraient leur rivière,
ils aimaient encore plus leur commerce. Au lieu de
planter des promenades publiques sur les rives, ils
avaient bâti la plupart de leurs maisons tout au bord
de l'eau. Quelques habitations dans les faubourgs
avaient bien des jardins, mais, au centre de la ville,
le courant ne reflétait d'autres ombres que celles
des magasins et des façades en surplomb des vieilles
maisons de bois. La demeure de Jacob Elsen était
de ce nombre. Elle s'ouvrait sur un petit embarcadère garni de pieux de bouleau, et ses fondements
étaient creusés si près de l'eau, qu'en ouvrant la
porte de l'atelier, on pouvait remplir une cruche à
la rivière.

L'intérieur de Jacob Elsen se composait de trois
personnes sans le compter ; à savoir, sa fille Marguerite, son apprenti Carl et une vieille servante.
Il avait des ouvriers, mais qui ne couchaient pas chez
lui. Carl était un jeune homme de dix-huit ans, et la

fille de son maître étant un peu plus jeune, il s'éprit d'elle comme tous les apprentis dans ce temps-là. L'amour de Carl pour Marguerite était pur et profond. Jacob le connaissait, mais il ne disait rien; il avait foi dans la prudence de sa fille.

Marguerite aimait-elle alors Carl? Elle seule le savait. Tous les dimanches, il allait avec elle à l'église; et là, tandis que ses prières devenaient quelquefois des sons insignifiants pour lui, parce qu'il pensait à elle et épiait tous ses mouvements, il l'entendait murmurer dévotement les siennes; ou, lorsque le prédicateur parlait et que la figure de Marguerite restait fixée sur la chaire, il était presque jaloux de voir qu'elle écoutait si bien. Assise à table avec lui, jamais elle ne perdait son calme, tandis qu'il se sentait toujours troublé et maladroit. Souvent elle semblait trop occupée pour penser à l'apprenti. A la fin, son apprentissage étant achevé, le temps vint pour Carl de quitter la maison d'Elsen pour voyager, comme tous les ouvriers allemands sont tenus de le faire par les lois de leur compagnonnage. Il résolut de parler de son amour à Marguerite avant de partir. Pouvait-il, pour cela, choisir un meilleur temps qu'une soirée d'été où Marguerite était venue par hasard dans l'atelier, après la sortie des compagnons ? Il appela la jeune fille près de la porte qui donnait sur la rivière, pour regarder le coucher du soleil, et il lui parla longtemps de la « Klara » et de sa source mystérieuse. Lorsqu'il commença à faire noir et qu'il n'y eut plus moyen de tarder davantage, son secret lui échappa, et Marguerite lui révéla à son tour le sien, qui était qu'elle l'aimait aussi : Mais, ajouta-t-elle, je dois le dire à mon père.

Ce soir-là même, après le souper, les deux jeunes gens racontèrent à Jacob Elsen ce qui s'était passé entre eux. Jacob était un homme dans toute la fleur de l'âge ; il n'était pas avare, mais prudent en toutes choses. « Que Carl, dit-il, revienne après son temps de voyage avec cinquante florins d'or, et alors, ma fille, si vous voulez vous marier avec lui, je le ferai recevoir maître tonnelier. » Carl n'en demandait pas davantage. Il ne doutait pas de pouvoir rapporter cette somme, et il savait que la loi ne lui permettait pas de se marier avant son voyage pour se perfectionner dans son métier ; il lui tardait donc de partir pour revenir bientôt, et le lendemain, de grand matin, il prit congé de Marguerite avant qu'il y eût encore aucun mouvement dans les rues.

Carl était plein d'espérance, mais Marguerite pleurait tandis qu'il se tenait sur le seuil. « Trois années, dit-elle, opèrent quelquefois de si grands changements en nous, que nous ne sommes plus les mêmes !

— Elles me feront vous aimer davantage, répondit Carl.

— Vous en rencontrerez de plus belles que moi dans les pays où vous irez ; et je penserai encore à vous dans cette maison, longtemps après que vous l'aurez oubliée.

— Maintenant, je suis certain de votre affection,
Marguerite, dit Carl avec joie, mais il ne faut pas
douter de moi pendant mon absence; aussi certainement que je vous aime, je reviendrai, avec les
cinquante florins d'or, réclamer de votre père l'ac-
complissement de sa promesse. »

Marguerite resta longtemps sur le seuil, et Carl
regarda bien des fois en arrière avant de tourner
l'angle de la rue. Malgré cette séparation, il se sentait le cœur assez léger, car il avait toujours envi-
sagé ce voyage comme le moyen d'obtenir la main
de la fille de son patron. « Il ne faut pas perdre de
temps, pensait-il, et pourtant ce serait une grande
chose, si je découvrais la source de notre rivière.
Je fais justement route vers le Sud, j'essaierai ! »

Le troisième jour, il prit un bateau dans un petit
village et remonta le courant; mais, dans l'après-
midi, il arriva près des rochers, et ce courant devint
plus fort. Il continuait pourtant de ramer. Le double
mur de roche grisâtre grandissait toujours sur l'une
et l'autre rive, et lorsqu'il regardait en l'air, il ne
voyait plus qu'une étroite bande du ciel. A la fin,
toute la vigueur de ses bras suffisait à peine pour
maintenir le bateau en place. De temps en temps,
et par un effort soudain, il avançait bien de quelques
brasses, mais il ne pouvait conserver l'espace qu'il
avait gagné, et cédant à la lassitude, il fut obligé de
se laisser aller à la dérive. Ainsi donc, pensa-t-il,
ce qu'on disait des rochers et de l'impétuosité du
du courant est vrai, je puis au moins l'attester. »

Carl erra bien des jours avant de trouver de l'ouvrage, et quand il en trouva, cet ouvrage était mal
payé et suffisait à peine à le faire vivre; il fut donc
obligé de se remettre en route. Déjà la moitié du
terme prescrit s'était écoulé, et quoiqu'il eût fait
bien des centaines de lieues et travaillé dans bien
des villes, il avait à peine épargné dix florins
d'or. Force lui fut de chercher encore fortune ailleurs. Après plusieurs journées de marche, il arriva
dans une petite ville située sur le bord d'une rivière, dont les eaux étaient si transparentes qu'elles
le firent penser à celles de la « Klar. » La ville elle-
même ressemblait tellement à Stromthal, qu'il
pouvait presque s'imaginer être revenu à son point
de départ, après un long circuit; mais il ne pouvait
être encore question pour Carl de rentrer dans sa
ville natale. Le terme n'était qu'à moitié expiré, et
ses dix florins d'or, dont l'un venait de s'entamer
en voyage, feraient, pensait-il, pauvre figure après
qu'il s'était vanté d'en rapporter cinquante. Il ne se
sentait plus le cœur aussi léger que le jour où il
avait quitté Marguerite sur le seuil de la maison de
son père. Combien le monde était différent de son
attente! La dureté des étrangers avait aigri son
cœur, et il éprouvait plutôt de la peine que du
plaisir à se rappeler Stromthal ce jour-là. Sans la
fatigue qui l'accablait, il aurait tourné le dos à la
ville, et continué son chemin sans s'arrêter; mais le
soir étant venu, il avait besoin de réparer ses forces.
Il entra donc dans des rues tortueuses qui lui rap-

pelaient de plus en plus Stromthal, et gagna la place du marché, au milieu de laquelle s'élevait une grande et blanche statue, représentaut une femme qui tenait une branche d'olivier à la main; sa tête, était nue : mais les plis d'une draperie l'enveloppaient de la ceinture aux pieds...

— Quelle est cette statue ? demanda Carl à un passant.

Le passant répondit dans un dialecte étranger, qui fut pourtant compris de Carl :

— C'est la statue de notre rivière.

— Et comment nomme-t-on votre rivière?

— Le « Geber » (1), parce qu'elle enrichit la ville et lui permet de trafiquer avec beaucoup de grandes cités.

— Et pourquoi cette statue a-t-elle la tête nue et les pieds cachés?

— Parce que nous savons où la rivière prend sa source; mais tout le monde ignore où elle aboutit.

— Ne peut-on savoir où aboutit le courant?

— C'est une entreprise dangereuse. Le courant devient très-impétueux; resserré longtemps entre des rochers escarpés; il finit par se précipiter dans une profonde caverne où il se perd.

— C'est bien étrange, pensa Carl, que cette ville ressemble sous tant de rapports à la mienne. »

Il n'était pas au bout de ses surprises.

Un peu plus loin, dans une rue étroite, il aperçu une maison de bois avec un petit tonneau sus-

(1) Le Bienfaiteur.

pendu au-dessus de la porte en guise d'enseigne.
Cette maison ressemblait tellement à celle de Jacob
Elsen, que si les mots Peter Schonfuss, tonnelier du
Duc, n'avaient pas été inscrits au-dessus de la porte,
il aurait cru qu'il y avait de la magie.

Carl frappa, et une jeune femme vint ouvrir. Ici
finissait la ressemblance, car il suffit d'un regard
pour voir que Marguerite était cent fois plus
belle.

— Je ne sais pas si mon père a besoin d'ouvriers,
dit la jeune femme, mais si vous êtes un voyageur,
vous pouvez vous reposer et vous rafraîchir en
l'attendant. »

Carl la remercia et entra. La cuisine, au plafond
très-bas comme celle de Jacob Elsen, ne l'étonna
point, car la plupart des maisons étaient ainsi bâties
à cette époque. La fille du tonnelier mit une nappe
blanche, lui donna de la viande et du pain, et lui
apporta de l'eau pour se laver; mais tandis qu'il
mangeait, elle lui fit beaucoup de questions sur le
lieu d'où il venait et sur ceux qu'il avait déjà par-
courus. Jamais elle n'avait entendu parler de
Stromthal, et elle ne savait rien du pays situé au-
delà du Himmelgebirge. Quand son père entra,
Carl vit qu'il était beaucoup plus vieux que Jacob
Elsen.

— Ainsi donc vous cherchez du travail? demanda
le père.

Carl, qui se tenait debout le bonnet à la main,
s'inclina.

En ce cas, suivez-moi. Le vieillard marcha devant
lui et le fit entrer dans un atelier au fond duquel
une porte entre'ouverte laissait voir la rivière. Il
mit les outils dans les mains de Carl, et lui dit de
continuer une tonne à moitié faite. Carl maniait si
habilement ces outils, que Peter Schonfuss le re-
connut tout de suite pour un bon ouvrier, et lui
offrit de meilleurs gages qu'il n'en avait eu jusqu'alors.

Carl resta chez son nouveau maître jusqu'à l'expi-
ration de ses trois années; mais un jour il dit à
Bertha Schonfuss :

— Mon temps est fini, Bertha ; demain je retournerai dans mon pays.

— Je prierai Dieu de vous accorder un bon
voyage, répondit Bertha, et de vous faire trouver la
joie au logis.

— Voyez-vous, Bertha, dit Carl, j'ai épargné
soixante-dix florins d'or ; sans cette somme, je n'aurais jamais pu retourner au pays et épouser Marguerite, dont je vous ai tant parlé. Sans vous, je
n'aurais pas gagné cela. Ne dois-je pas en être reconnaissant toute ma vie ?

— Et revenir nous voir un jour, reprit Bertha ;
cela va sans dire.

— Sûrement, dit Carl en nouant son argent dan_
le coin de son mouchoir.

— Attendez ! s'écria Bertha. Il y a du danger à
porter beaucoup d'argent sur soi dans cette partie
du pays ; les routes sont infestées de voleurs.

— Je fabriquerai une boîte pour mettre l'argent, dit Carl.

— Non, mettez-le plutôt dans le manche creux d'un de vos outils. Il est tout naturel, pour un ouvrier, de porter des outils; personne ne songera à y regarder.

— Aucun manche ne serait assez grand pour les contenir, répliqua Carl. Je vais fabriquer un maillet creux, et je les mettrai dans le corps du maillet.

— C'est une bonne idée, s'écria Bertha.

Carl se mit à l'œuvre le lendemain et fit un large maillet, dans lequel il pratiqua un trou, bouché par une cheville, où il enferma cinquante pièces d'or. Le reste de son trésor lui sembla bon à garder pour les dépenses du voyage et l'achat d'habits et d'autres objets; car il pouvait maintenant se permettre quelques prodigalités. Quand tout fut prêt, il loua un bateau pour descendre la rivière et faire ainsi une partie de son voyage. Le vieillard lui dit adieu affectueusement sur le petit embarcadère de sa boutique; Carl embrassa Bertha, et Bertha lui recommanda d'avoir bien soin de son maillet.

Le batelier qui devait le conduire était bien le plus laid garçon qu'on puisse imaginer. Il avait les jambes très-courtes et une très-large carrure. On ne lui voyait guère de cou, mais ce cou portait une tête volumineuse, et sa grande figure ronde était percée de deux petits yeux étincelants. Ses cheveux étaient noirs et hérissés; ses bras très-longs, comme ceux d'un singe. Carl n'aimait pas son air quand il

avait fait marché avec lui, et il était sur le point
d'en choisir un autre dans la foule des bateliers sur
le port; mais, réfléchissant à l'injustice qu'il y au
rait de refuser du travail au pauvre diable à caus-
de sa laideur, il retourna sur ses pas et loua son
bateau.

Carl s'était assis près du gouvernail; le batelier
se mit à ramer. Tour à tour il se penchait tellement
en avant, que son visage touchait presque ses pieds,
et il se rejetait presque à plat sur son dos, donnant
de telles poussées aux rames avec ses longs bras,
que le bateau volait comme un corbeau. Carl ne s'en
plaignait pas, car il lui tardait d'arriver à Stromthal; mais la licence enhardissait l'étrange batelier.
Tantôt il faisait de si horribles grimaces en passant
près d'autres bateaux, que ses confrères lui jetaient
toutes sortes de projectiles; tantôt il levait ses rames
pour frapper un poisson jouant à la surface, et chaque fois Carl voyait monter sur l'eau le poisson mort
et renversé sur le dos. En vain ordonnait-il au hi-
deux garçon de ramer tranquillement, le drôle lui
répliquait dans un langage bizarre, à peine compré-
hensible, et le moment d'après il recommençait ses
tours. Une fois, Carl le vit, à son grand étonnement,
s'élancer de sa place et courir le long de l'étroit
rebord du bateau, comme s'il avait les pieds palmés.

— Continuez de ramer, vilain singe! s'écria
Carl en lui donnant un léger coup.

L'étrange batelier s'assit d'un air sombre, se re-
mit à ramer et ne fit plus de mauvais tours ce jour-

là. Carl chanta une des chansons inspirées par la
« Klar, » pendant que le bateau poursuivait sa route
à travers des prairies dont les rives étaient bordées
de joncs, et souvent autour de petites îles, jusqu'à
ce que la brume descendit du ciel. La surface de la
rivière brillait d'une faible lueur blanchâtre ; les
arbres du bord devenaient de plus en plus sombres,
et les étoiles se montraient à l'ouest. Carl regardait
les poissons, qui faisaient des cercles dans le courant et, laissant pendre sa main au-dessus du bord,
il sentait avec plaisir l'eau glisser rapidement entre
ses doigts. La fatigue finit par le gagner ; il s'enve-
loppa dans son manteau, plaça son maillet à côté de
lui, s'étendit sur l'arrière du bateau et s'endormit.
La ville où ils devaient s'arrêter cette nuit-là était
plus loin qu'ils ne l'avaient cru. Carl dormit longtemps et eut un rêve ; dans son sommeil, il entendit
un bruit tout près de sa tête, comme le bruit d'un
corps qui fait rejaillir l'eau en tombant, et il s'é-
veilla. D'abord il crut que c'était le batelier qui
venait de tomber à la rivière, mais il le vit debout
au milieu du bateau.

— Qu'y a-t-il donc? demanda Carl.

— J'ai laissé tomber votre maillet dans le courant, répondit le batelier.

— Misérable! s'écria Carl en s'élançant sur
lui, qu'as-tu fait là?

— Épargnez-moi, maître, répondit le batelier
avec une affreuse grimace; votre maillet s'est
échappé de ma main au moment où je voulais frap-

par une chauve-souris qui volait autour de ma tête. »

Carl, furieux, porta plusieurs coups au batelier ;
mais celui-ci les évita, et, glissant sous son bras, il
se mit de nouveau à courir sur le rebord du ba'eau.
De plus en plus furieux, Carl finit par l'atteindre et
par se jeter sur lui si violemment, que le bateau
chavira et qu'ils tombèrent tous deux dans la rivière. S'apercevant alors que le batelier ne savait
pas nager, Carl oublia son maillet pour saisir le
pauvre diable et gagner la rive avec lui. Le courant
était si fort, qu'il les entraîna bien plus loin ; mais
ils finirent par arriver à terre. On pouvait alors
apercevoir les lumières de la ville, qui était proche.
Carl se mit en marche, le cœur triste, après avoir
ordonné au batelier de le suivre. Mais quand, arrivé
près des portes, il se retourna, le batelier avait disparu. Il l'appela à haute voix et revint un peu sur
ses pas pour l'appeler encore, sans recevoir aucune
réponse. A la fin il se décida à gagner la ville, et il
n'entendit plus jamais parler du batelier.

Comme on le pense bien, Carl ne ferma pas l'œil
cette nuit-là. Au point du jour, il offrit presque tout
l'argent qui lui restait pour un bateau, et il descendit seul la rivière. Il pensait que son maillet avait pu
flotter sur l'eau, malgré le poids des pièces d'or, et
il espérait encore le rattraper. Mais il eut beau regarder de tous côtés et ramer tout le jour sans
prendre de repos, il ne découvrit rien. Le Geber
baignait maintenant des îles plus nombreuses. Ses
deux rives prenaient un aspect tout-à-fait solitaire

et désolé. Le vent tomba. L'eau devenait aussi noire
que si le ciel était couvert d'une nuée orageuse, et
la rivière courait toujours plus rapide, serpentant,
comme la Klar, entre des rochers. Ces murailles
grisâtres devenaient de plus en plus hautes, et le
bateau allait de plus en plus vite, en sorte que Carl
semblait descendre dans l'intérieur de la terre,
quand il aperçut l'entrée de la caverne dont l'étranger lui avait parlé. Au même moment, il vit son
maillet flottant à quelques brasses devant lui. Mais
le bateau commençait à tournoyer dans un tourbillon. Carl sentait sa tête et son cœur tourner aussi.
Cependant le maillet entrait dans la caverne et le
bateau approchait de son embouchure. Alors, l'instinct de sa propre conservation l'emportant, Carl
s'accrocha aux anfractuosités des rochers et s'arrêta.
Plongeant les yeux dans les ténèbres, il vit plusieurs
petites flammes flotter et reluire dans l'obscurité,
mais il ne voyait rien de plus, et il entendait les
eaux se précipiter, comme une cascade, avec de
grands mugissements. Ce n'était pas tout de renoncer à la poursuite de son maillet, il fallait remonter le courant, et la tâche était difficile, les rames
ne pouvant plus lui être d'aucun secours pour cela.
Il serra cependant la rive où le courant était le plus
faible, et, se cramponnant aux saillies des rochers,
il parvint à rebrousser chemin. Durant toute la nuit
il avança ainsi lentement, et un peu avant l'aube du
jour il se trouva hors des murailles de pierre. Harassé de fatigue, il amarra son bateau, descendit sur

la rive, se coucha sur la terre nue et s'endormit. A son réveil, il mangea un petit pain dont il s'était muni, et il poursuivit son voyage.

Durant bien des jours, Carl erra dans des régions désolées; il parcourut bien des forêts, traversa bien des rivières, et ses souliers étaient usés avant qu'il eût retrouvé le bon chemin de Stromthal. Un moment il fut tenté de retourner travailler huit ans chez Peter Schonfuss, mais il ne put se décider à rebrousser chemin sans avoir vu Marguerite. D'ailleurs, pensait-il, Jacob Elsen est un brave homme; quand il saura que j'ai travaillé et gagné les cinquante florins d'or, quoique je ne les aie plus, il me donnera sa fille.

Il rôda longtemps dans les rues et rencontra beaucoup de ses anciennes connaissances, qui l'avaient oublié. A la fin, il entra hardiment dans la rue où habitait Jacob et frappa à la vieille maison. Jacob vint lui-même ouvrir la porte.

— Le Wanderbusche est revenu! s'écria Jacob en l'embrassant; le cœur de Marguerite sera joyeux. »

Carl suivait le tonnelier en silence et la tête basse, comme s'il eût été coupable d'une mauvaise action. A peine osait-il commencer l'histoire de son maillet perdu.

— Comme vous êtes pâle, et comme vous avez maigri, dit Jacob. J'espère pourtant que vous avez mené une vie honnête? Les beaux habits! mais ils ne conviennent guère à un jeune ouvrier. Sûrement, vous avez trouvé un trésor?

— Non, répondit Carl, j'ai tout perdu, même les cinquante florins d'or que j'avais gagnés par le travail de mes mains. »

Le front du vieillard s'obscurcit. Le regard inquiet et égaré de Carl, ses habits élégants souillés par le voyage, sa confusion et son silence, éveillaient les soupçons du prudent Jacob Elsen, et quand le jeune homme raconta son histoire, elle lui parut si étrange et si improbable qu'il hocha la tête.

— Carl, dit-il, vous avez habité de mauvaises villes. Mieux vaudrait être mort lorsque vous appreniez à raboter une douve, que de vivre pour devenir menteur!»

Carl ne répondit rien; mais il regagna la rue. Sur le seuil, il trouva Marguerite et, au grand étonnement de la jeune fille, il passa près d'elle sans lui parler. Durant toute la nuit, il rôda dans les rues de la ville. L'envie ne lui manquait pas de retourner dans la maison du vieux Peter Schonfuss et de sa fille Bertha; mais l'orgueil l'en empêchait: Il résolut donc de partir et d'aller chercher du travail ailleurs. Cependant, la froideur de sa conduite avec Marguerite pesait sur sa conscience. Il voulait la revoir avant de s'éloigner. Dans ce dessein, il se tint dans la rue, après le lever du soleil, jusqu'à ce qu'elle ouvrît la porte. Alors il s'avança vers elle.

— O Carl! lui dit Marguerite, est-ce là ce qui m'était réservé après trois années d'attente?

— Écoutez-moi, chère Marguerite ! répliqua Carl.

— Je n'ose, dit Marguerite, mon père me l'a défendu. Je ne puis que vous dire adieu et prier le ciel pour que mon père reconnaisse un jour qu'il a tort.

— Je lui ai dit l'exacte vérité, s'écria Carl ; mais Marguerite rentra et le laissa sur le seuil. Carl attendit un moment, et résolut de la suivre pour la convaincre au moins de son innocence avant son départ. Il leva donc le loquet, entra dans la maison et passa dans la cour en traversant la cuisine. Marguerite n'y était pas. Il entra alors dans l'atelier où il se trouva également seul, les compagnons n'étant pas encore venus ; Marguerite était toujours la première personne levée dans la maison. Les malheurs de Carl et l'injustice qu'il avait éprouvée, lui venaient à l'esprit, et il lui semblait qu'une voix murmurait à son oreille : « Le monde entier est contre toi. C'est plus que je n'en puis supporter, dit-il, mieux vaut mourir ! »

Il leva le loquet de la porte de bois qui donnait sur la rivière, et ouvrit cette porte toute grande à la clarté du jour qui se répandit dans l'atelier. C'était une belle et fraîche matinée ; la Klar, grossie par les pluies de la veille, coulait à pleins bords. « De toutes mes espérances, de ma longue patience, de mon industrie, de mon ardeur au travail, de tout ce que j'ai souffert et de mon profond amour pour Marguerite, voilà donc la misérable fin ! s'écria Carl en s'avançant vers la rivière.

Mais il s'arrêta soudain, son regard venait de saisir un objet arrêté entre les pieux de bouleaux et la rive. « Chose étrange, dit-il, c'est un maillet et il ressemble beaucoup à celui que j'ai perdu! Sûrement, l'un ou l'autre des compagnons de Jacob Elsen l'aura laissé tomber là. »

Ce maillet était plus grand qu'un maillet ordinaire, et, bien que ce fût une folle imagination, il pensa tout-à-coup qu'une puissance surnaturelle avait apporté là son maillet à temps pour le détourner de son fatal dessein. « Oui, c'est mon maillet! » s'écria-t-il; car, en se penchant, il venait de voir la marque du trou qu'il avait foré. Sans prendre le temps de le ramasser, en le voyant solidement arrêté là, il courut dans la maison et rencontra Jacob Elsen qui descendait l'escalier.

— J'ai retrouvé mon maillet! s'écria Carl. Où est Marguerite?» Le tonnelier parut d'abord incrédule. Marguerite entendit la voix de son fiancé, et descendit en toute hâte les escaliers.

—Par ici, dit Carl en les conduisant tous les deux à travers la boutique. — Par ici! Regardez! »

Alors Marguerite et son père aperçurent le maillet Carl se baissa pour le ramasser, et, ôtant la cheville, il secoua toutes les pièces d'or sur le plancher. Jacob lui serra la main en le priant de lui pardonner ses injustes soupçons. Marguerite versa des larmes de joie.

— Il est arrivé à temps pour sauver ma vie, dit Carl. D'heureux jours reviendront avec lui !

— Mais comment ce maillet a-t-il pu arriver ici? demanda Jacob cherchant le mot de l'énigme.

— Je commence à le deviner, répondit Carl. J'ai découvert l'origine de la Klar, les deux rivières n'en font qu'une. »

Après avoir écrit l'histoire de ses aventures, Carl en fit présent au conseil municipal, qui chargea tous les savants de Stromthal de démontrer, par une série d'expériences, l'identité des deux rivières. Cela fait, il y eut de grandes réjouissances dans la ville. Le jour où Carl épousa Marguerite, il reçut la récompense promise de cinq cents florins d'or, et, depuis cette époque, le jour où il avait retrouvé son maillet fut célébré comme celui d'une fête par les habitants de toutes les villes situées sur le Geber et la Klar.

L'HISTOIRE DE LA VIEILLE MARIE

BONNE D'ENFANT.

Vous savez, mes chers amis, que votre mère était orpheline et fille unique. Vous n'ignorez pas non plus, j'en suis bien sûre, que votre grand-père était ministre de l'Évangile dans le Westmoreland, d'où je viens moi-même. J'étais encore une petite fille à l'école du village, quand, un jour votre grand'mère entra pour demander à la maîtresse si elle pouvait lui recommander une de ses écolières pour bonne d'enfant. Je fus bien fière, je peux vous le dire, quand la maîtresse m'appela et parla de moi comme d'une honnête fille, habile aux travaux d'aiguille, d'un caractère posé, et dont les parents étaient respectables, quoique pauvres. Je pensai tout de suite que je ne pourrais jamais rien faire de mieux que de servir cette jeune et jolie dame. Elle rougissait autant que moi en parlant de l'enfant qui allait venir et dont je serais la bonne. Mais cette première partie de mon histoire, je le sais bien, vous intéresse beaucoup moins que celle que vous attendez. Je vous dirai donc tout de suite que je fus engagée et installée au presbytère avant la naissance de miss

Rosemonde : c'était l'enfant attendu, et c'est aujourd'hui votre mère. J'avais, en vérité, bien peu de chose à faire avec elle, quand elle vint au monde; car elle ne sortait jamais des bras de sa mère, et dormait toute la nuit près d'elle. Aussi, étais-je toute fière quand ma maîtresse me la confiait quelquefois un moment. Jamais il n'y eut un pareil enfant, ni avant ce temps-là, ni depuis, ni quoique vous ayez tous été d'assez beaux poupons chacun à votre tour ; mais pour les manières douces et engageantes, aucun de vous n'a jamais égalé votre mère. Elle tenait cela de sa mère à elle, qui était, par sa naissance, une grande dame, une miss Furnivall, petite-fille de lord Furnivall dans le Northumberland. Je crois qu'elle n'avait ni frère, ni sœur, et qu'elle avait été élevée dans la famille de milord, jusqu'à son mariage avec votre grand-père, qui venait d'obtenir une cure. C'était le fils d'un marchand de Carlisle, mais un homme savant et accompli, toujours à l'œuvre dans sa paroisse très-vaste et toute dispersée sur les *Fells* (1) du Westmoreland. Votre mère, la petite miss Rosemonde, avait environ quatre ou cinq ans, lorsque ses père et mère moururent dans la même quinzaine, l'un après l'autre. Ah ! ce fut un triste temps. Ma jeune maîtresse et moi nous attendions un autre poupon, quand mon maître revint à la maison après une de ses longues courses à cheval. Trempé de pluie, harassé, il avait attrapé la fièvre

(1) Hauteurs déboisées couvertes de bruyères et servant généralement de pâturages.

dont il mourut. Votre mère, depuis lors, ne releva plus la tête; elle ne lui survécut que pour voir son second enfant, qui mourut peu d'instants après sa naissance, et qu'elle tint un instant sur son sein avant de rendre elle-même le dernier soupir. Ma maîtresse m'avait priée, sur son lit de mort, de ne jamais quitter Rosemonde; mais elle ne m'en aurait point dit un mot, que je n'en aurais pas moins suivi cette chère petite au bout du monde.

Nous avions à peine eu le temps d'étouffer nos sanglots, lorsque les tuteurs et les exécuteurs testamentaires vinrent pour le règlement de l'héritage. C'étaient le propre cousin de ma pauvre jeune maîtresse, lord Furnivall, et M. Esthwaite, le frère de mon maître, marchand de Manchester; il n'était pas alors dans d'aussi bonnes conditions qu'aujourd'hui, et il avait une grande famille à élever. Je ne sais s'ils réglèrent les choses ainsi, d'eux-mêmes, ou si ce fut par suite d'une lettre que ma maîtresse avait écrite de son lit de mort à son cousin, milord Furnivall; mais on décida que nous partirions, miss Rosemonde et moi, pour le manoir de Furnivall dans le Northumberland. D'après ce que milord sembla dire, le désir de ma maîtresse était que l'enfant vécût dans sa famille et il n'avait pas, quand à lui, d'objections à faire à cela, une ou deux personnes de plus ne signifiant rien dans une si grande maison. Ce n'était pas là, certes, la manière dont j'aurais voulu voir envisager l'arrivée de ma belle et charmante petite, qui ne pouvait manquer d'animer comme un rayon

de soleil toutes les familles, même les plus grandes ;
mais je n'en fus pas moins satisfaite de voir tous les
gens de la vallée ouvrir de grands yeux étonnés,
quand ils apprirent que j'allais être la bonne de la
petite lady chez lord Furnivall, dans le manoir de
Furnivall.

Je me trompais cependant en croyant que nous
allions habiter avec le milord. Il paraît que sa famille avait quitté le manoir de Furnivall depuis cinquante ans et même plus. Jamais en effet je n'avais
entendu dire que ma pauvre jeune maîtresse l'eût
habité, quoiqu'elle eût été élevée dans sa famille.
Cela me contraria, car j'aurais voulu que la jeunesse
de miss Rosemonde se passât où s'était passée celle
de sa mère.

Le valet de chambre de milord, auquel j'adressai
le plus de questions que j'osais, me dit que le manoir de Furnivall était situé au pied des *Fells* du
Cumberland et que c'était un très-vaste domaine.
Une miss Furnivall, grande-tante de milord l'habitait seule avec un petit nombre de serviteurs. L'air
y était sain ; milord avait pensé que miss Rosemonde y serait très-bien pendant quelques années,
et que sa présence pourrait aussi amuser sa vieille
tante.

Milord m'ordonna donc de tenir prêts pour un certain jour tous les effets de miss Rosemonde. C'était
un homme fin et impérieux, comme le sont, à ce
qu'on assure, tous les lords Furnivalls ; il ne disait
jamais un mot de trop. On prétendait qu'il avait

aimé ma pauvre jeune maîtresse, mais comme elle savait que le père de milord ne consentirait pas à ce mariage, elle n'avait jamais voulu l'écouter, et elle avait épousé M. Esthwaite. Je ne sais pas ce qu'il y avait de vrai là-dedans. Milord ne s'occupa jamais beaucoup de miss Rosemonde, ce qu'il eût fait s'il avait gardé un profond souvenir de sa mère morte. Il envoya son valet de chambre avec nous au manoir, en lui ordonnant de le rejoindre le soir même à Newcastle, en sorte qu'il n'eut guère le temps de nous faire connaître à tant de personnes étrangères avant de nous quitter. Nous voilà donc abandonnées, deux véritables enfants, je n'avais que dix-huit ans, dans l'immense manoir. Il me semble que c'était hier. Nous avions quitté de grand matin notre cher presbytère et nous avions pleuré toutes les deux à cœur fendre. Nous voyagions pourtant dans le carrosse de milord, dont je m'étais fait autrefois une si grande idée. L'après-dîner d'un jour de septembre était fort avancée lorsque nous nous arrêtâmes pour changer une dernière fois de chevaux dans une petite ville enfumée, toute remplie de charbonniers et de mineurs. Miss Rosemonde s'était endormie, mais M. Henry me dit de la réveiller pour lui faire voir le parc et le manoir dont nous approchions. Je pensais que c'était grand dommage de réveiller un enfant dormant si bien, mais je fis ce qu'il m'ordonnait, de peur qu'il ne se plaignît de moi à milord. Nous avions laissé derrière nous toute trace de villes et même des villages, et nous étions maintenant en dedans des portes

d'un grand parc d'un aspect sauvage, ne ressemblant
pas du tout aux parcs du sud de l'Angleterre, mais
rempli de rochers, d'eaux torrentueuses, d'aubépines
au tronc noueux et de vieux chênes tout blancs et
dépouillés de leur écorce par la vieillesse.

Le chemin montait à travers l'immense parc pendant deux milles environ; on arrivait alors devant
un vaste et majestueux édifice, entouré de beaucoup
d'arbres si rapprochés qu'en certains endroits leurs
branches se heurtaient contre les murs quand le
vent soufflait. Quelques-unes étaient brisées et pen-
dantes; car personne ne semblait prendre soin de
les émonder et d'entretenir la route couverte de
mousse. Seulement devant la façade tout était bien
entretenu. On ne voyait pas une mauvaise herbe
dans le grand ovale destiné autrefois à la circulation
des voitures; et on ne laissait croître aucun arbre,
aucune plante grimpante contre cette longue façade
aux nombreuses croisées. De chaque côté se projetait une aile formant l'extrémité d'autres façades
latérales, car cette demeure désolée était plus vaste
encore que je ne m'y attendais. Derrière s'élevaient
les *Fells* qui semblaient assez nus et sans clôture;
et à gauche du manoir vu de face, il y existait,
comme je m'en aperçus plus tard, un petit parterre
à la vieille mode. Une porte de la façade occidentale
ouvrait sur ce parterre, taillé sans doute dans
l'épaisse et sombre masse de verdure pour quelque
ancienne lady Furnivall; mais les branches des
arbres de la forêt étaient repoussées et lui mas-

quaient de nouveau le soleil en toute saison ; aussi
bien peu de fleurs trouvaient-elles moyen d'y
vivre.

Cependant le carrosse s'arrêta devant la porte de
la principale façade, et on nous fit entrer dans la
grande salle. Je crus que nous étions perdues, tant
elle était vaste et spacieuse. Un lustre de bronze
suspendu au milieu de la voûte, fut un objet d'étonnement et d'admiration pour moi, qui n'en avais
jamais vu. A l'extrémité de la salle, s'élevait une
ancienne cheminée, aussi haute que les murs des
maisons dans mon pays, avec d'énormes chenets
pour tenir le bois ; et près de la cheminée, s'éten-
daient de larges sophas de forme antique. A l'extrémité opposée de la salle, à gauche en entrant et du
côté de l'ouest, on voyait un orgue scellé dans le
mur, et si grand qu'il remplissait la majeure partie
de cette extrémité. Au-delà, du même côté, il y
avait une porte ; et à l'opposite, de chaque côté de
la cheminée, se trouvaient d'autres portes conduisant à la façade orientale ; mais comme je ne traversai jamais ces portes durant mon séjour au manoir
de Furnivall, je ne puis dire ce qu'il y avait au-
delà.

L'après-midi touchait à sa fin, et la salle où il n'y
avait pas de feu semblait sombre et lugubre : on ne
nous y fit pas rester un seul instant. Le vieux serviteur qui nous avait ouvert s'inclina devant
M. Henry ; puis il nous conduisit par la porte située
à l'autre extrémité du grand orgue, à travers plu-

sieurs salles plus petites et plusieurs corridors, dans
le salon occidental où se tenait miss Furnivall. La
pauvre petite Rosemonde se serrait contre moi,
comme épouvantée et perdue dans un si grand édifice. Je ne me sentais pas beaucoup plus à l'aise. Le
salon occidental avait un aspect beaucoup plus agréable; on y faisait bon feu, et il était garni de meubles
commodes. Miss Furnivall pouvait être âgée de qua-
tre-vingts ans environ, mais je ne l'affirmerai pas.
Elle était grande et maigre, et son visage était plissé
de rides aussi fines que si on les avait tracées avec
la pointe d'une aiguille. Ses yeux semblaient très-
vigilants, pour compenser, je suppose, la surdité
profonde qui l'obligeait de se servir d'un cornet
acoustique. A côté d'elle, et travaillant au même
grand ouvrage de tapisserie, se tenait assise mistress
Stark, sa femme de chambre et sa dame de compagnie, presque aussi vieille. Mistress Stark vivait
avec miss Furnivall depuis leur jeunesse à toutes
les deux, et elle était plutôt considérée comme son
amie que comme sa servante. Elle paraissait aussi
froide, aussi impassible qu'une statue de pierre :
jamais elle n'avait rien aimé. Je ne pense pas non
plus, qu'à l'exception de sa maîtresse, elle s'inquié-
tât de quelqu'un au monde; mais cette dernière
étant sourde, elle la traitait à peu de chose près
comme un enfant. Après avoir délivré le message
de milord, M. Henry prit congé de nous tous, en
s'inclinant respectueusement, sans prendre garde à
la main mignonne que lui tendait ma chère petite

Rosemonde. Il nous laissa debout au milieu de la salle, où les deux dames nous regardaient à loisir à travers leurs lunettes.

Ce fut une grande satisfaction pour moi quand, ayant sonné le vieux valet qui nous avait introduites, elles lui dirent de nous mener dans nos chambres. Il nous fit donc sortir de ce grand salon, entrer dans une autre pièce, sortir encore de celle-ci, monter un grand escalier et suivre une large galerie, qui devait être une bibliothèque, car tout un côté était rempli de livres, l'autre de tables à écrire entre les croisées. Enfin, nous arrivâmes dans nos chambres. Je ne fus pas fâchée de savoir qu'elles étaient situées au-dessus des cuisines, car je commençais à craindre de me perdre dans ce désert de maison. Il y avait d'abord la vieille chambre où tous les petits lords et toutes les petites ladies avaient été élevés pendant bien des années. Un feu joyeux brûlait dans la grille ; la bouilloire chantait déjà, et tout ce qui est nécessaire pour prendre le thé était rangé sur la table. De cette chambre, on passait dans le dortoir d'enfants, où on avait placé un petit lit pour miss Rosemonde, tout près du mien. Le vieux James appela sa femme Dorothée pour nous faire les honneurs de la maison, et tous les deux se montrèrent si hospitaliers, si prévenants, qu'insensiblement, miss Rosemonde et moi, nous nous trouvâmes tout à fait chez nous. Après le thé, ma chère petite s'assit sur les genoux de Dorothée, babillant aussi vite que sa petite langue pouvait aller. Je

sus bientôt que Dorothée était du Westmoreland,
ce qui acheva de nous lier. Souhaiter de rencontrer
de meilleures gens que James et sa femme, ce serait
être bien difficile ! James avait passé presque toute
sa vie dans la famille de milord ; il ne croyait pas
qu'il y eût nulle part d'aussi grands personnages,
et il regardait un peu sa femme du haut de sa gran-
deur, parce que, avant de se marier avec lui, elle
avait toujours vécu dans une ferme. A cela près, il
l'aimait beaucoup. Ils avaient sous leurs ordres,
pour faire le gros de l'ouvrage, une servante nommée Agnès. Elle et moi, James et Dorothée, miss
Furnivall et mistress Stark, nous composions toute
la maison, sans oublier ma chère petite Rosemonde.
Je me demandais parfois comment on avait pu faire
avant son arrivée, tant on en faisait cas maintenant.
A la cuisine et au salon, c'était la même chose. La
sévère, la triste miss Furnivall et la froide mistress
Stark paraissaient également charmées lorsqu'elles
la voyaient voltiger comme un oiseau, jouant et
santillant, avec son bourdonnement continuel et son
joyeux babil. Plus d'une fois, j'en suis certaine, il
leur faisait peine de la voir s'en aller dans la cuisine,
quoique trop fières pour lui demander de rester
avec elles, et un peu surprises de cette préférence.
Cependant, comme disait mistress Stark, il n'y avait
là rien d'étonnant, si on se rappelait d'où son père
était venu. L'antique et spacieux manoir était un
fameux endroit pour ma petite miss Rosemonde.
Elle y faisait des expéditions de tous côtés, m'ayant

toujours sur ses talons; de tous côtés, à l'exception
pourtant de l'aile orientale qu'on n'ouvrait jamais et
où nous n'avions jamais eu l'idée d'aller. Mais dans
la partie occidentale et septentrionale, il y avait
beaucoup de belles chambres pleines de choses qui
étaient des curiosités pour nous, sans l'être peut-
être pour des gens qui avaient vu plus curieux encore. Les fenêtres étaient obscurcies par les rameaux
agités des arbres et le lierre qui les recouvrait; mais,
dans ce demi-jour vert, nous distinguions très-bien
les vieux vases en porcelaine de Chine, les boîtes
d'ivoire sculpté, les grands livres et surtout les
vieux tableaux !

Un jour, je m'en souviens, ma mignonne força
Dorothée à venir avec nous pour nous expliquer les
portraits. C'étaient tous des portraits de membres
de la famille, mais Dorothée ne savait pas bien les
noms. Après avoir visité la plupart des chambres,
nous arrivâmes dans le vieux salon de réception,
au-dessus de la grande salle. Il y avait là un portrait
de miss Furnivall; ou comme on l'appelait dans ce
temps -là, miss Grace, car elle était la sœur cadette.
Ça avait dû être une beauté ! Mais quel regard fixe
et fier ! Quel dédain dans ses beaux yeux ! Leurs
sourcils mêmes semblaient se relever, comme si elle
s'étonnait qu'on eût l'impertinence de la regarder;
et sa lèvre se plissait. Elle avait un costume dont je
n'avais jamais vu le pareil; mais c'était la mode
dans ce temps-là, disait Dorothée. Son chapeau,
d'une espèce de castor blanc, était un peu relevé

au-dessus du front et orné d'une magnifique plume qui en faisait le tour; sa robe, de satin blanc, laissait voir un corsage blanc richement brodé.

« Assurément! me dis-je après avoir bien regardé ce portrait, la créature de Dieu se fane comme l'herbe, ainsi qu'il est écrit; mais qui croirait jamais, à voir miss Furnivall, qu'elle a pu être une beauté si remarquable?

» Oui, dit Dorothée. Les gens changent bien tristement; mais, si ce que le père de mon maître a l'habitude de dire est vrai, miss Furnivall, la sœur aînée, était plus belle encore que miss Grace. Son portrait est ici quelque part; mais, si je vous le montre, il ne faut jamais dire, même à James, que vous l'avez vu. Croyez-vous que la petite fille puisse garder le secret? » ajouta-t-elle.

Je n'en étais pas certaine, car jamais il n'y eut d'enfant si vive, si hardie, si franche! J'aimais mieux lui dire de se cacher, lui promettant de chercher après elle. Alors j'aidai Dorothée à retourner un grand tableau appuyé contre le mur, au lieu d'être suspendu comme les autres. Ce portrait l'emportait encore en beauté sur miss Grace, comme pour l'air altier et dédaigneux; mais, sous ce dernier rapport, il était difficile de choisir. Je l'aurais regardé pendant une heure, si Dorothée, tout effrayée de me l'avoir montré, ne se fût hâtée de le remettre en place, en me conseillant d'aller tout de suite à la recherche de miss Rosemonde, « car il y avait, disait-elle, dans la maison de vilaines

places où elle ne voudrait pas voir l'enfant aller. »
J'étais une fille courageuse : je m'inquiétai peu de
ce que disait la vieille femme, car j'aimais à jouer à
cache-cache comme pas un enfant dans la paroisse.
Je courus cependant chercher ma petite.

L'hiver approchait ; les jours devenaient de plus
en plus courts. Il me semblait parfois entendre un
bruit singulier, comme si quelqu'un jouait de l'orgue
dans la grande salle. J'étais presque certaine de ne
pas être trompée par mon oreille. Je n'entendais
pas ce bruit tous les soirs ; mais très-souvent, et d'ordinaire, quand, assis près de miss Rosemonde, après
l'avoir mise au lit, je restais tranquille et silencieuse
dans la chambre à coucher, c'est alors que j'entendais les sons de l'orgue résonner dans la distance.
Le premier soir, quand je descendis pour souper, je
demandai à Dorothée qui avait fait de la musique,
et James dit d'un ton très-bref que j'étais bien
simple de prendre pour de la musique les murmures
du vent dans les arbres. Dorothée regarda son mari
d'un air effaré, et Bessy, la fille de cuisine, après
avoir marmoté quelque chose, s'en alla toute pâle.
Voyant bien que ma question ne leur plaisait pas,
je pris le parti de me taire, en attendant d'être seule
avec Dorothée, dont je pourrais tirer bien des choses.
Le lendemain, j'épiai donc le moment favorable, et,
après l'avoir amadouée, je lui demandai qui jouait
de l'orgue ; car, si je m'étais tue devant James, je
savais très-bien que je n'avais pris le bruit du vent
pour de la musique. Mais James avait fait la leçon

à Dorothée, dont je ne pus arracher un mot. J'essayai alors de Bessy, que j'avais toujours tenue un peu à distance, car j'étais sur un pied d'égalité avec James et Dorothée, dont elle n'était guère que la servante. Elle me fit bien promettre de n'en jamais rien dire à personne, et si jamais je le disais, de ne jamais dire que c'était elle qui me l'avait dit ; mais c'était un bruit bien étrange, et bien des fois elle l'avait entendu, surtout dans les nuits d'hiver et avant les tempêtes. On disait dans le pays que c'était le vieux lord qui jouait sur l'orgue de la grande salle, comme il aimait à jouer de son vivant ; mais qui était le vieux lord ? ou pourquoi jouait-il, et de préférence dans les soirées d'hiver à l'approche des tempêtes ? c'est ce qu'elle ne pouvait ou ne voulait pas me dire. Je vous ai dit que j'étais une fille courageuse ; eh bien ! je m'amusai assez d'entendre cette grande musique résonner dans le manoir, quel que fût celui qui jouait. Tantôt elle s'élevait au-dessus des bouffées de vent, gémissait ou semblait triompher comme une créature vivante ; tantôt elle redevenait d'une complète douceur ; mais c'était toujours le la musique et des accords... il était ridicule l'appeler cela le vent. Je pensai d'abord que miss Furnivall jouait peut-être à l'insu de Bessy ; mais un jour que j'étais seule dans la grande salle, j'ouvris l'orgue et je l'examinai bien de tous côtés, comme on m'avait fait voir celui de l'église de Crosthwaite, et je vis qu'il était tout brisé et détruit à l'intérieur, malgré sa belle apparence. Alors, quoiqu'on fût en

plein midi, ma chair commença à se crisper ; je me
hâtai de fermer l'orgue et je regagnai lestement ma
chambre d'enfant, où il faisait toujours si clair. A
partir de ce temps, je n'aimai pas plus la musique
que James et Dorothée ne l'aimaient. Dans l'intervalle, miss Rosemonde se faisait aimer de plus en
plus. Les vieilles dames se faisaient une fête de
l'avoir à table à leur premier dîner. James se tenait
derrière la chaise de miss Furnivall, et moi derrière
miss Rosemonde, en grande cérémonie. Après le
repas, elle jouait dans un coin du grand salon, sans
faire plus de bruit qu'une souris, tandis que miss
Furnivall dormait et que je dînais à la cuisine. Cependant elle revenait volontiers à moi dans la chambre
d'enfant : car miss Furnivall était si triste, disait-
elle, et mistress Stark si ennuyeuse ! Nous étions,
au contraire, assez gaies toutes les deux. Peu à peu
je ne m'inquiétai plus de cette musique étrange ; si
on ne savait pas d'où elle venait, du moins elle ne
faisait de mal à personne.

L'hiver fut très-froid. Au milieu d'octobre, les
gelées commencèrent et durèrent bien des semaines.
Je me rappelle qu'un jour, à dîner, miss Furnivall,
levant ses yeux tristes et appesantis, dit à mistress
Stark : «J'ai peur que nous n'ayons un terrible hiver !
Le ton dont elle disait ces paroles semblait leur
donner un sens mystérieux. Mistress Stark fit semblant de ne pas entendre et parla très-haut de toute
autre chose. Ma petite lady et moi, nous nous in-
quiétions peu de la gelée et même pas du tout.

Pourvu qu'il fît sec, nous grimpions les por tes es-
carpées, derrière la maison ; nous montions dans les
Fells qui étaient assez tristes et assez nus, et là nous
faisions assaut de vitesse dans l'air frais et vif. Un
jour nous redescendîmes par un nouveau sentier qui
nous mena au-delà des deux vieux houx noueux,
situés à moitié environ de la descente, du côté
oriental du manoir. Les jours raccourcissaient à vue
d'œil, et le vieux lord, si c'était lui, jouait d'une
manière de plus en plus lugubre et tempêtueuse sur
le grand orgue. Un dimanche après-midi, ce devait
êt: e vers la fin de novembre, je priai Dorothée de
se charger de ma petite lady, lorsqu'elle sortirait du
salon, aprèsle somme habituel de miss Furnivall; car
il faisait trop froid pour la mener avec moi à l'église
où je devais pourtant aller. Dorothée me promit de
grand cœur ce que je lui demandais. Elle aimait tant
l'enfant que je pouvais être tranquille. Nous nous
mîmes donc en chemin sans tarder, Bessy et moi.
Un ciel lourd et noir couvrait la terre blanchie par
·a gelée, comme si la nuit ne s'était pas complète-
ment dissipée ce jour-là, et l'air, quoique calme, était
: rès-piquant.

«Nous aurons de la neige aujourd'hui, me dit
Bessy. En effet, nous étions encore à l'église, lors
que la neige commença à tomber par gros flocons,
et si épaisse, qu'elle interceptait presque le jour des
croisées. A notre sortie de l'église, il ne neigeait plus,
mais nos pieds enfonçaient dans une couche de
neige douce et profonde. Avant notre arrivée au

manoir, la lune se leva, et je crois qu'il faisait plus
clair alors, avec la lune et la neige éblouissante, que
lorsque nous étions partis pour l'église, entre deux et
trois heures. Je ne vous ai pas encore dit que miss
Furnivall et mistress Stark n'allaient jamais à l'église;
elles avaient pris l'habitude de lire ensemble leurs
prières, comme elles faisaient tout, tranquillement et
tristement. Le dimanche leur semblait bien long,
car il les empêchait de travailler à leur grande tapisserie. Aussi, lorsque j'allai trouver Dorothée dans
la cuisine pour lui redemander Rosemonde et faire
monter cette chère enfant avec moi, je ne m'étonnai pas
de lui entendre dire que les dames avaient dû garder
la petite, car elle n'était pas venue à la cuisine,
comme je lui avais recommandé de le faire dès
qu'elle s'ennuierait d'être sage au salon. Je me dé-
barrassai donc de ma pelisse et de mon chapeau, et
j'entrai dans le salon, où je trouvai les deux dames
tranquillement assises comme à leur ordinaire,
laissant tomber un mot, par-ci, par-là, mais n'ayant
pas du tout l'air d'avoir auprès d'elles un être aussi
vif, aussi joyeux que miss Rosemonde. Je pensais
d'abord que l'enfant se cachait : c'était une de ses
petites malices. Peut-être avait-elle recommandé
aux deux dames de faire semblant d'ignorer où elle
était. Je me mis à regarder tout doucement derrière
ce sopha, derrière ce fauteuil, sous ce rideau, me
donnant l'air très-effrayé de ne pas la trouver.

« Qu'y a-t-il donc, Hester? demanda sèchement
mistress Stark. Je ne sais si miss Furnivall m'avait

vue. Comme je vous l'ai dit, elle était très-sourde
et elle restait tranquillement assise, regardant le feu
d'un air désœuvré et plein de désolation. «Je cherche
ma petite Rose, » répondis-je, pensant toujours que
l'enfant était là, cachée, tout près de moi.

« Miss Rosemonde n'est pas ici, répondit mistress
Stark. Elle nous a quittées, il y a plus d'une heure,
selon son habitude, pour aller retrouver Dorothée.»
Cela dit, elle me tourna le dos pour regarder le feu
comme sa maîtresse.

Mon cœur commençait à battre. Combien je re-
grettais d'avoir quitté, même pour un instant mon
enfant chérie! Retournée près de Dorothée, je lui
dis ce qui arrivait. James était sorti pour toute la
journée; mais elle et moi, suivies de Bessy, nous
prîmes des lumières, et, après être montées d'abord
dans les chambres d'enfants, nous parcourûmes
toute la maison appelant miss Rosemonde, la suppliant de ne pas nous causer une peur mortelle, et
de sortir de sa cachette. Aucune réponse ! aucun
son !

« Bon Dieu! me dis-je enfin, serait-elle allée se
cacher dans l'aile droite? »

«Cela est impossible, me répondit Dorothée; je n'y
suis jamais allée moi-même; les portes restent
constamment fermées; l'intendant de milord en a les
clés, à ce que je crois. Dans tous les cas, ni moi ni
James ne les avons jamais vues.

« Il ne me reste donc, m'écriai-je, qu'à retourner
voir si elle ne s'est pas cachée dans le salon de ces

dames, sans être remarquée d'elles. Oh ! si je l'y
trouve, je la fouetterai bien pour la frayeur qu'elle
m'a donnée. » Je disais cela, mais je n'avais pas la
moindre intention de le faire. Me voilà rentrée dans
le salon occidental, où je dis à mistress Stark que,
n'ayant pu trouver nulle part miss Rosemonde, je la
priais de me laisser bien chercher derrière les meubles et les rideaux. Je commençais à croire que la
pauvre petite avait pu se blottir dans quelque coin
bien chaud et s'y laisser gagner par le sommeil.
Nous regardâmes de tous côtés ; miss Furnivall se
leva et regarda aussi ; elle tremblait de tous ses
membres : miss Rosemonde n'était bien certainement
dans aucun recoin du salon. Nous voilà de nouveau
en campagne, et cette fois tout le monde dans la
maison, cherchant partout où nous avions déjà cher-
ché, mais sans rien trouver. Miss Furnivall tremblait
et frissonnait tellement, que mistress Stark la recon-
duisit dans le salon toujours bien chauffé, après
m'avoir fait promettre de leur amener l'enfant dès
qu'elle serait retrouvée. Miséricorde ! Je commençais à croire que nous ne la retrouverions pas, quand
je m'imaginai de regarder dans la cour de la grande
façade, toute couverte de neige. J'étais alors au
premier étage ; mais il faisait un si beau clair de
lune, que je distinguai très-bien l'empreinte de deux
petits pieds, dont on pouvait suivre la trace depuis
la porte de la grande salle jusqu'au coin de l'aile
orientale. Je descendis comme un éclair ; je ne sais
comment. J'ouvris, par un violent effort, la roide et

lourde porte de la salle, et, rejetant par-dessus ma
tête la jupe de ma robe en guise de manteau, je me
mis à courir. Je tournai le coin oriental, et là une
grande ombre noire couvrait la neige ; mais parvenue de nouveau sous le clair de lune, je retrouvai
l'empreinte des petits pas montant vers les *Fells*. Il
faisait un froid rigoureux, si rigoureux, que l'air
enlevait presque la peau de mon visage tandis que
je courais ; mais je n'en courais pas moins, pleurant
à la pensée de l'épouvante et du péril où devait être
mon enfant chérie. J'étais en vue des deux houx,
quand j'aperçus un berger qui descendait la colline,
et portait un objet enveloppé dans son manteau. Ce
berger cria après moi et me demanda si je n'avais
pas perdu un enfant. Les pleurs et le vent étouf-
faient ma voix. Il s'approcha de moi, et je vis miss
Rosemonde étendue dans ses bras, immobile, blanche et roide comme si elle était morte. Le berger
me dit qu'il était monté aux *Fells* pour rassembler
son troupeau avant le froid intense de la nuit, et
que dans les houx (grandes marques noires sur le
flanc de la colline, où on ne voyait pas d'autre
buisson à plusieurs milles à la ronde) il avait trouvé
ma petite lady, mon agneau, ma reine, déjà roide
et dans le fatal sommeil que produit la gelée. Je
pleurais de joie en la tenant de nouveau dans mes
bras, car je ne voulus pas la laisser porter au berger ;
je la pris sous mon manteau et la tins contre mon
cœur. Je la réchauffai là tendrement, et je sentais
la vie rentrer avec la chaleur dans ses petits

membres; mais elle était encore insensible à notre arrivée dans le manoir. Je n'avais pas moi-même assez d'haleine pour parler. J'entrai par la porte de la cuisine.

« Apportez vite la bassinoire, » fut tout ce que je pus dire. Je montai miss Rosemonde dans notre chambre, où je me mis à la déshabiller près du feu, que Bessy avait entretenu. J'appelai mon petit agneau des plus doux noms et des plus gais que je pouvais imaginer, et cependant j'étais presque aveuglée par les larmes. A la fin, oh ! à la fin, elle ouvrit ses grands yeux bleus. Alors je la mis dans le lit bien chaud, et j'envoyai Dorothée prévenir miss Furnivall que nous l'avions retrouvée et que tout allait bien. Je résolus de passer la nuit entière à côté du lit de ma petite. Elle tomba dans un profond sommeil aussitôt que sa jolie tête eut touché l'oreiller, et je la veillai jusqu'au matin. Quand elle s'éveilla, son visage était aussi frais, aussi clair que ses idées ; je le croyais du moins alors, et, mes chers amis, je le crois encore aujourd'hui.

Elle me raconta qu'elle avait eu le désir d'aller près de Dorothée, parce que les deux vieilles dames s'étaient endormies, et qu'il faisait triste dans le salon. En traversant le corridor de l'ouest, elle avait aperçu, à travers la croisée élevée, la neige qui tombait à gros flocons. Cela lui avait donné le désir de voir la terre toute blanche, et elle était entrée pour cela dans la grande salle où, s'approchant des croisées, elle avait vu, en effet, la terrasse couverte

4

d'une neige éblouissante. Une petite fille lui était apparue, du même âge à peu près qu'elle, « mais si jolie, disait ma mignonne, si jolie ! Et cette petite fille m'a fait signe de sortir. Et elle avait l'air d'être si bonne, que je ne pouvais lui refuser. »

Alors l'autre petite fille l'avait prise par la main et elles avaient tourné toutes les deux le coin de l'aile orientale.

« Vous êtes une méchante petite fille, dis-je à miss Rosemonde, car vous me contez des histoires. Que dirait votre chère maman qui est au ciel et qui n'a jamais dit un mensonge de sa vie, si elle entendait sa petite Rosemonde raconter de pareils contes ! »

« En vérité, Hester, dit en sanglotant ma petite lady ; je vous dis la vérité. Ne me dites pas cela ! lui répondis-je d'un ton sévère. J'ai suivi la trace de vos pas sur la neige. On n'en voyait pas d'autre ; et si vous aviez tenu une petite fille par la main pour monter sur cette colline, n'aurait-elle pas laissé l'empreinte de ses pieds à côté des vôtres ? »

« Ce n'est pas ma faute, chère Hester, dit-elle en pleurant, si vous ne les avez pas vus ; je n'ai jamais regardé à ses pieds ; mais elle tenait ma main serrée dans sa petite main, et elle était froide, très-froide.

Elle m'a conduite en haut du chemin des *Fells* jusqu'aux deux houx. Là, j'ai vu une dame qui pleurait et poussait des sanglots ; mais dès qu'elle m'a vue, elle a cessé de pleurer ; elle m'a souri d'un air fier et noble ; elle m'a prise sur ses genoux et a

commencé à me bercer pour m'endormir. C'est là
tout, Hester, mais c'est bien la vérité; et ma chère
maman le sait, dit-elle en fondant en larmes. Alors
je pensai que l'enfant avait la fièvre et je fis semblant de croire à son histoire, qu'elle me répéta,
mainte et mainte fois, sans y rien changer.

A la fin, Dorothée frappa à la porte avec le déjeuner de miss Rosemonde, et me dit que les vieilles
dames étaient descendues dans la salle à manger où
elles désiraient me parler. La veille au soir toutes
les deux étaient montées dans notre chambre à
coucher, mais trouvant la petite endormie, elles
s'étaient contentées de la regarder, sans me faire de
question.

«Je ne l'échapperai pas, pensai-je en moi-même en
traversant la galerie du nord, et pourtant je repre-
nais courage, car j'avais confié l'enfant à une garde.
Elles seules étaient à blâmer de l'avoir laissée courir
toute seule. J'entrai donc hardiment et je racontai
toute l'histoire à mistress Stark. Je la racontai aussi
a miss Furnivall en criant de toutes mes forces contre
son oreille; mais quand je parlai de l'autre petite
fille qui avait attiré miss Rosemonde dehors dans la
neige et l'avait conduite à la grande et belle dame
près des houx, miss Furnivall jeta les bras en l'air,
ses vieux bras amaigris et s'écria... O ciel! pardonne!
ayez miséricorde, Seigneur! »

Mistress Stark la retint dans son fauteuil, assez
rudement à ce qu'il me parut; mais mistress Stark
n'en était plus maîtresse, et miss Furnivall

me parla d'un ton d'autorité mêlé d'une étrange
anxiété.

« Hester ! gardez-la bien de cet enfant ! cet enfant
l'entraînerait à la mort ! Enfant de malheur ! Dites
bien à Rosemonde qu'elle s'en défie ; car c'est un
enfant méchant et pervers ! Alors, mistress Stark
me fit sortir de la salle à manger et je n'étais pas
fâchée d'être dehors, mais miss Furnivall continuait
de crier : Oh ! aie pitié de moi ! ne pardonneras-tu
jamais ! Il y a tant d'années, tant d'années ! »

Comme vous le pensez bien, mon esprit ne pouvait être en repos après cet événement. Je n'osais
quitter miss Rosemonde, ni le jour ni la nuit. Ne
pouvait-elle pas s'échapper de nouveau pour courir
après quelque imagination? J'avais cru, d'ailleurs, m'a-
percevoir d'après certaines bizarreries de miss Furnivall, qu'elle avait le cerveau dérangé. Je redoutais
quelque chose de semblable pour ma chère petite,
car cela, vous le savez, peut tenir de famille.

Il ne cessait de geler à pierre fendre et toutes les
fois que la nuit était plus orageuse qu'à l'ordinaire,
entre les bouffées de vent nous entendions le vieux
lord jouer du grand orgue. Mais vieux lord ou non,
partout où allait miss Rosemonde, je la suivais ; car
mon amour pour elle, pauvre petite orpheline, était
plus fort que ma peur de cette terrible musique.
C'était à moi, d'ailleurs, de l'amuser et de la tenir
en gaîté, comme il convenait à son âge. Nous
jouions donc ensemble, nous courions ensemble,
par-ci, par-là, partout ; car je n'osais jamais la perdre

de vue dans cette grande et solitaire demeure. Un certain après-midi, peu de jours avant la Noël, nous jouions toutes les deux sur le tapis du billard dans la grande salle. Nous ne savions pas le jeu bien entendu, mais elle aimait à faire rouler les douces billes d'ivoire avec ses petites mains, et j'aimais à faire tout ce qu'elle faisait ; peu à peu, sans que nous y prissions garde, il commença à faire noir dans la salle, quoiqu'il fît clair encore en plein air. Je songeais à la reconduire dans notre chambre, quand tout-à-coup elle s'écria :

« Regarde, Hester, regarde ! Voilà encore ma pauvre petite fille dehors dans la neige ! »

Je me tournai vers les longues et étroites croisées ; et là, je vis, comme je vous vois, une petite fille, moins grande que miss Rosemonde, habillée tout autrement qu'elle aurait dû l'être pour sortir par une si rude soirée, pleurant et tapant contre les carreaux de vitre, comme si elle voulait qu'on la laissât entrer. Elle semblait sangloter et mis. Rosemonde n'y pouvant plus tenir, courait à la porte pour l'ouvrir quand tout-à-coup et tout près de nous le grand orgue retentit comme un tonnerre.

Je tremblai tout de bon, et avec d'autant plus de raison que, dans le calme d'une si forte gelée, je n'avais pas entendu le son des petites mains tapant sur les vitres, quoique l'enfant fantôme semblât y mettre toute sa force. Je l'avais vue aussi crier et pleurer sans que le moindre son parvînt à mon oreille

Je ne sais si je remarquai tout cela dans le moment même, tant les sons du grand orgue m'avaient frappé de terreur ; mais ce que je sais, c'est que je saisis ma petite miss Rosemonde dans mes bras au moment où elle s'avançait vers la porte et que je l'emportai malgré ses cris et ses efforts pour m'échapper, dans la grande et claire cuisine, où Dorothée et Agnès éminçaient des viandes pour faire des pâtés.

« Qu'y a-t-il, ma petite belle ? » s'écria Dorothée, en voyant miss Rosemonde sangloter dans mes bras comme si son cœur allait se briser.

« Elle n'a pas voulu, » répondit cette chère enfant, « me laisser ouvrir la porte pour faire entrer ma pauvre petite fille, qui mourra bien sûrement si elle reste dehors toute la nuit sur les *Fells.* Cruelle, méchante Hester ! » Et en parlant ainsi, elle me battait de ses petites mains ; mais elle aurait pu frapper bien plus fort, car j'avais vu sur le visage de Dorothée une expression d'épouvante mortelle qui glaçait mon sang dans mes veines.

« Fermez la porte de l'arrière-cuisine ; mettez bien le verrou, » dit-elle à Agnès, et sans en dire davantage, elle me donna des raisins et des amandes pour apaiser miss Rosemonde ; mais ma petite lady sanglotait toujours en pensant à la petite fille restée dans la neige et elle ne voulait toucher à aucune friandise. Je m'estimai bien heureuse quand elle se fut enfin endormie en pleurant dans son lit. Alors je descendis tout doucement dans la cuisine, où je dis

À Dorothée que ma résolution était prise et que j'em-
mènerais ma chère petite dans la maison de mon
père à Applethwaite, où, si nous vivions humble-
ment, nous vivrions au moins en paix. Je lui dis
encore que j'étais déjà bien assez effrayée par le
vieux lord, quand il jouait de l'orgue. Maintenant
j'avais vu de mes yeux l'étrange petite fille, dont
les pieds ne laissaient pas d'empreinte sur la neige ;
je l'avais vue habillée comme aucun enfant ne pouvait l'être dans le voisinage, pleurant, criant et frap-
pant sur les vitres, mais sans faire entendre aucun
bruit, aucun son. J'avais même aperçu sur son
épaule droite, car elle avait les épaules et les bras
nus malgré la rigueur du froid, une blessure toute
noire. Miss Rosemonde avait reconnu en elle l'enfant fantôme qui, comme Dorothée le savait bien,
avait failli l'entraîner à sa perte. C'était plus que je
n'en pouvais supporter.

A ce récit, je vis Dorothée changer de couleur
plusieurs fois. « Je ne crois pas, » me dit-elle,
« qu'on vous laisse emmener miss Rosemonde,
puisqu'elle est la pupille de milord et que vous n'a-
vez aucun droit sur elle. » Dorothée me demanda
ensuite si je pourrais me résoudre à quitter l'enfant
dont j'étais si folle, pour de vains sons et des visions
qui, en définitive, ne pouvaient faire aucun mal, et
auxquels ils avaient dû s'habituer chacun à leur
tour. J'avais la tête montée ; je tremblais presque de
colère. Je lui dis qu'il était bien aisé à elle de parler
ainsi ; à elle qui savait ce que signifiaient cette mu-

sique et ces prétendues visions, et qui avait eu peut-
être quelque chose à démêler avec l'enfant fantôme
de son vivant. Ainsi provoquée, Dorothée finit par
me tout dire, et alors j'aurais voulu qu'elle ne m'eût
rien dit, car je fus plus effrayée que jamais.

Elle me dit donc qu'elle avait entendu raconter
cette lugubre histoire par des vieillards des environs
dans le commencement de son mariage. Alors on
venait encore au château qui n'avait pas sa mauvaise réputation d'aujourd'hui. Après tout, elle ne
pouvait dire si c'était vrai ou faux, mais voici ce
qu'on répétait :

Le vieux lord qui jouait de l'orgue était le père
de miss Furnivall, ou plutôt de miss Grace, comme
l'appelait Dorothée, car miss Maude, étant l'aînée,
portait de droit le titre de miss Furnivall. Le vieux
lord était dévoré d'orgueil. Jamais on ne vit, jamais
on n'entendit parler d'un homme aussi fier, et ses
filles étaient comme lui. Personne ne leur semblait
assez bon pour devenir leur mari. Cependant le
choix ne leur manquait pas, car c'étaient les plus
grandes beautés de leurs temps, comme j'avais pu le
voir par leurs portraits dans le salon de cérémonie.
Mais, dit le vieux proverbe, « l'orgueil aura sa
chute. » Ces deux beautés hautaines devinrent
amoureuses du même homme, et ce n'était qu'un
musicien étranger, amené de Londres par leur père
pour faire de la musique avec lui dans son manoir.
Par dessus toutes choses, l'orgueil de famille
excepté, le vieux lord aimait la musique; il en était

fou et savait jouer de presque tous les instruments ; mais cela n'avait adouci en rien son caractère farouche. Le fier et dur vieillard avait fait, dit-on, mourir sa femme de chagrin. Il appela donc près de lui un étranger qui faisait de la musique si harmonieuse que les oiseaux mêmes sur les arbres suspendaient leurs chants pour l'écouter. Par degrés, le nouveau venu s'empara si bien de l'esprit du vieux lord que celui-ci le rappelait chaque année à Furnivall. Ce fut lui qui fit venir l'orgue de Hollande et qui l'installa dans la grande salle où il était encore de mon temps. Il apprit au vieux seigneur à en jouer ; mais bien des fois, lorsque lord Furnivall ne pensait qu'à son bel orgue et aux accords qu'il en tirait, l'étranger au teint brun et aux cheveux noirs se promenait dans les bois avec l'une des jeunes dames ; tantôt avec miss Maude, tantôt avec miss Grace.

Miss Maude, pour son malheur, finit par emporter le prix. Ils se marièrent secrètement, et avant la prochaine visite annuelle de l'étranger, elle donna le jour à une petite fille dans une ferme au milieu des bruyères, tandis que son père et miss Grace la croyaient aux courses de Doncastre. Maintenant épouse et mère, son caractère ne s'adoucit pas le moins du monde ; elle resta tout aussi hautaine, tout aussi passionnée que jamais, et peut-être davantage, car elle était jalouse de miss Grace à qui le musicien étranger faisait une cour assidue, pour détourner les soupçons, disait-il. Mais miss Grace, triomphant avec affectation de sa victoire apparente

sur miss Maude, celle-ci s'exaspérait de plus en
plus contre son mari et contre sa sœur. Il était facile au premier de secouer un joug qui lui devenait
désagréable, et de chercher dans les pays étrangers
un refuge contre la jalousie des deux sœurs. Il partit cet été-là un mois avant l'époque habituelle de
son départ en donnant à entendre qu'il pourrait
bien ne pas revenir. Dans l'intervalle, la petite fille
fut laissée à la ferme, et sa mère avait l'habitude de
faire seller son cheval et de galoper au loin sur les
collines, en apparence sans aucun but, mais en réalité pour voir son enfant une fois au moins par semaine, car lorsqu'elle aimait, elle aimait bien,
comme elle ne savait pas haïr à demi. Le vieux
lord continuait de jouer de son orgue; et les serviteurs pensaient que la musique avait fini par adoucir son redoutable caractère, dont toujours, au dire
de Dorothée, on racontait de bien terribles histoires.
Il devint infirme et fut obligé de se servir d'une
béquille pour marcher. Son fils aîné, le père du lord
Furnivall actuel, était alors avec l'armée en Amérique, et l'autre fils en mer, en sorte que miss
Maude faisait à peu près à sa mode, et, de jour en
jour, il y avait plus de froideur et d'amertume entre
elle et miss Grace. Elles finirent par se parler à peine,
si ce n'est en présence du vieux lord. Le musicien
étranger revint encore l'été suivant, mais ce fut la
dernière fois; car, avec leurs jalousies et leurs colè-
res, les deux sœurs lui faisaient mener une telle vie
qu'il s'en lassa. Il partit donc, et on n'en entendit

plus parler. Miss Maude, qui avait toujours eu l'intention de faire connaître son mariage quand son père serait mort, se voyait maintenant abandonnée avec un enfant qu'elle n'osait avouer, mais dont elle était folle, redoutant son père, haïssant sa sœur et forcée de vivre avec eux. L'été suivant se passa donc sans qu'on vît reparaître l'étranger. Miss Maude et miss Grace, devenues tristes et sombres toutes les deux, étaient aussi belles que jamais, mais il y avait quelque chose d'égaré dans leur regard. Peu à peu cependant le front de miss Maude s'éclaircit. Son père, dont les infirmités augmentaient toujours, se laissait de plus en plus absorber par sa musique. Miss Grace et sa sœur vivaient presque à part, occupant des appartements séparés, miss Grace dans l'aile occidentale, miss Maude dans l'aile orientale, les chambres mêmes qu'on avait depuis condamnées. Cette dernière crut donc pouvoir prendre sa fille avec elle, sans que personne en sût rien, excepté ceux qui n'oseraient en parler et seraient tenus de croire, sur sa parole, que c'était l'enfant d'une villageoise, pour lequel elle avait pris un caprice. Tout cela, disait Dorothée, était assez bien connu ; mais personne ne savait ce qui était arrivé ensuite, si ce n'est miss Grace et mistress Stark qui, attachée dès ce temps-là à sa personne, comme femme de chambre, était beaucoup plus son amie que sa propre sœur. Mais, d'après certains mots échappés çà et là, les domestiques supposaient que miss Maude s'était vantée à miss Grace de son triomphe et l'avait aisé-

ment convaincue que le musicien étranger s'était
joué d'elle avec son amour prétendu, puisqu'il en
avait épousé une autre en secret. A dater de ce jour,
les joues et les lèvres de miss Grace perdirent leur
éclat; on l'entendit souvent répéter qu'elle se ven-
gerait tôt ou tard. Mistress Stark, de son côté, ne
cessait d'épier ce qui se passait dans les appartements de l'aile orientale.

Par une affreuse nuit, juste après le nouvel An,
la terre était déjà couverte d'une neige épaisse et
profonde, et les flocons tombaient encore assez vite
pour aveugler ceux qui pouvaient être dehors.
Tout-à-coup on entendit un grand bruit, un violent
tumulte et la voix du vieux lord qui dominait tout,
se répandait en invectives et en malédictions. On
entendit aussi les cris d'un petit enfant, le hautain
défi d'une femme irritée, le son d'un coup sourd et
suivi d'un silence de mort; puis des pleurs et des
gémissements qui finirent par s'éteindre sur la colline. Alors le vieux lord appela tous ses serviteurs.
Il leur dit avec de terribles serments et des menaces
plus terribles encore que sa fille l'ayant déshonoré,
il l'avait chassée de sa maison, elle et son enfant, et
que si quelqu'un d'entr'eux osait leur prêter secours,
leur donner de la nourriture ou un abri, il prierait
Dieu de l'exclure à jamais du paradis. Pendant tout
le temps-là, miss Grace se tenait à côté de son père
pâle et immobile comme la pierre, et quand il eut
fini, elle poussa un grand soupir, comme si elle se
sentait soulagée d'une grande crainte, et comme

pour dire que son œuvre était faite, son but accompli. Le vieux lord ne toucha plus à son orgue et mourut dans l'année. Cela n'a rien d'étonnant, et sans doute le remords le tua, car le lendemain de cette sombre et cruelle nuit, les bergers descendant les *Fells*, trouvèrent miss Maude assise, avec le rire de la folie, sous les houx et caressant un enfant mort, qui avait sur l'épaule droite une horrible meurtrissure. « Mais ce ne fut pas elle qui tua l'enfant. D'après ce que disait Dorothée; ce furent le froid et la gelée. Toutes les bêtes sauvages étaient renfermées dans leurs trous et tous les animaux domestiques dans leurs étables, à l'heure où la mère et l'enfant furent chassés du manoir et réduits à errer sur les *Fells!* Maintenant vous savez tout, ajouta Dorothée, et je serais bien étonnée si vous étiez moins effrayée que moi? »

J'étais plus effrayée que jamais; mais je lui dis que je ne l'étais pas. J'aurais voulu nous voir à jamais dehors miss Rosemonde et moi, de cette horrible maison. Cependant je ne voulais pas quitter ma chère enfant et je n'osais l'emmener avec moi. Oh! comme je la surveillais! Comme je faisais bonne garde autour d'elle! Nous mettions tous les verrous des portes et nous fermions les volets une heure au moins avant qu'il fît nuit, de peur de les laisser ouverts cinq minutes trop tard. Mais ma petite lady entendait toujours la fatale petite fille pleurant et gémissant; et tout ce que nous pouvions faire ou dire ne l'empêchait pas de vouloir aller vers l'enfant

fantôme pour le mettre à l'abri de la neige et
du vent. Durant tout ce temps, je me tenais le plus
éloignée possible de miss Furnivall et de mistress
Stark, car elles me faisaient peur aussi. Il n'y avait
rien de bon à gagner près d'elles avec leurs sombres
et durs visages, leurs yeux distraits et hagards regardant toujours dans les années sinistres du passé.
Malgré mon effroi, j'avais une sorte de pitié pour
miss Furnivall. Les gens descendus dans la fosse ne
peuvent avoir un aspect plus désolé que celui qui
était toujours empreint sur son visage. A la fin je
me sentis émue de tant de pitié pour cette vieille
dame qui ne disait jamais un mot sans qu'il lui fût
arraché, que je priai Dieu pour elle. J'appris à miss
Rosemonde à prier aussi pour une personne qui
avait fait un péché mortel; mais au moment où ma
chère petite arrivait à ces mots, elle prêtait souvent
l'oreille et quittait sa position agenouillée pour me
dire : « Hester, j'entends ma petite fille qui pleure
et se plaint si tristement ! Oh ! laisse-la entrer ou
elle mourra ! »

Une nuit, justement après l'arrivée tant attendue
du nouvel An, et lorsque le pire d'un long hiver
était passé, je l'espérais du moins, j'entendis la
sonnette du salon occidental sonner trois fois, ce
qui était le signal particulier pour moi. Je ne voulais
pas laisser miss Rosemonde toute seule, quoiqu'elle
fût endormie, car le vieux lord avait joué avec plus
de force que jamais et je craignais que ma mignonne
ne se réveillât pour entendre l'enfant fantôme.

Quant à la voir, c'était impossible. J'avais trop bien fermé les fenêtres pour cela. Je la pris donc hors de son lit, j'enveloppai dans les premiers vêtements qui me tombèrent sous la main et je la portai dans le salon où je trouvai les deux vieilles dames travaillant selon leur habitude, à leur tapisserie. Elles levèrent les yeux au moment où j'entrai, et mistress Stark me demanda d'un air fort étonné : « Pourquoi j'apportais miss Rosemonde qui serait beaucoup mieux dans son lit bien chaud? Parce que... parce que, commençai-je à murmurer, j'avais pour qu'elle ne cédât à la tentation de sortir pendant mon absence, pour suivre l'enfant dans la neige, » mais miss Stark m'arrêta court par un clin-d'œil significatif et me dit que miss Furnivall avait besoin de moi pour défaire un ouvrage qu'elle avait mal fait, et que ni l'une ni l'autre ne savaient dépiquer, à cause de leurs mauvais yeux. Je déposai ma mignonne sur le sopha, et je m'assis près des deux vieilles sur un tabouret. Le vent, qui commençait à mugir, rendait mon cœur plus dur pour elles, en songeant au mal dont elles avaient été cause.

Cependant miss Rosemonde dormait du meilleur cœur. Miss Furnivall ne disait mot; elle ne regardait jamais autour d'elle quand les bouffées du vent ébranlaient les fenêtres ; mais soudain elle se dressa de toute sa hauteur, et leva une des mains comme pour nous faire signe d'écouter.

« J'entends des voix, dit-elle. J'entends des cris terribles... J'entends la voix de mon père ! »

Dans le même instant, ma chérie se réveilla comme en sursaut. « Ma petite fille pleure, dit-elle, oh! comme elle pleure! » Et elle essaya de se lever pour aller à elle; mais ses pieds se prirent dans la couverture, et je l'enlevai dans mes bras, car ma chair commençait à se crisper, en songeant aux bruits que l'on entendait, tandis que je ne pouvais saisir aucun son. Mais, au bout d'une minute ou deux, le bruit se rapprocha, grandit et remplit nos oreilles. Nous entendîmes aussi des voix et des cris, et le vent d'hiver qui mugissait dehors se tut soudainement. Mistress Stark me regarda et je la regardai; mais nous n'osions parler. Tout-à-coup miss Furnivall s'avança vers la porte du salon, passa dans l'antichambre, traversa le corridor de l'ouest, et ouvrit la porte qui donnait dans la grande salle. Mistress Stark la suivit, et je n'osai rester derrière, quoique l'épouvante empêchât presque mon cœur de battre. J'enveloppai bien ma chère enfant; je la serrai dans mes bras, et je marchai derrière les vieilles dames. Dans la salle, les cris étaient plus forts que jamais; ils semblaient venir de l'aile orientale, et s'approchaient de plus en plus des deux portes qui restaient constamment fermées. Alors je remarquai que le grand lustre de bronze était tout allumé, quoique la salle fut pleine d'ombre, et qu'un grand feu brûlât dans la vaste cheminée sans répandre aucune chaleur. Je frissonnai d'horreur, et je serrai de toutes mes forces miss Rosemonde contre ma poitrine. En ce moment la porte orientale semblait ébranlée sur ses gonds, et ma chérie, luttant pour se dégager de mes bras, s'écriait de toutes ses forces : « Hester! laisse-moi aller! Ma pauvre petite est là; je l'entends; elle vient! Hester, laisse-moi aller! »

C'était le moment de la bien tenir. Je serai plutôt morte que de lâcher prise, tant ma résolution était forte. Miss Furnivall écoutait et entendait malgré sa surdité habituelle. Ni l'une ni l'autre des vieilles dames ne prenaient garde à Rosemond qui m'avait forcée de la mettre à terre; mais agenouillée devant elle, je tenais sa ceinture enlacée dans mes deux bras, tandis qu'elle continuait de pleurer et de lutter pour m'échapper.

Tout-à-coup la porte orientale s'ouvrit avec un bruit de tonnerre, comme si elle fléchissait sous un furieux effort; et l'on vit apparaître, dans une vague et mystérieuse clarté, l'effigie d'un grand vieillard en cheveux blancs et dont les yeux étincelaient. Il chassait devant lui, avec des gestes d'implacable haine, une femme d'une grande beauté et au regard fier, qu'un petit enfant tenait par sa robe.

« Oh! Hester! Hester! criait miss Rosemonde. C'est la dame! la dame qui était sous les houx; et une petite est avec elle! Hester! Hester! laisse-moi aller. Elles m'attirent près d'elles. Je le sens. Je le sens. Laissez-moi aller. »

Ses efforts pour m'échapper la faisaient presque tomber en convulsions; mais je la tenais de plus en

plus serrée, au point d'avoir peur de lui faire mal.
Mieux valait courir ce risque que la laisser entraîner
par ces terribles fantômes. Ils avançaient toujours vers
la porte de la grande salle, où les vents hurlaient
comme des loups qui attendent leur proie. Tout-à-
coup la dame se retourna, et je vis qu'elle lançait au
vieillard un hautain défi; mais presque au même
instant, tout son corps frémit d'épouvante. Elle
étendit les bras d'un air égaré et suppliant, pour
garantir son enfant, son petit enfant, d'un coup de
la béquille que le vieux lord tenait levée.

Miss Rosemonde, entraînée par une puissance surnaturelle, continuait de se tordre dans mes bras et
de sangloter; mais je sentais ses forces faiblir, et je la
laissais crier :

« Elles voulent que j'aille avec elles sur les Fells.
Elles m'attirent à elles ! O ma petite fille ! Je vien-
drais si la méchante, la cruelle Hester ne me rete-
nait de force. »

Enfin, quand elle vit la béquille levée sur
l'enfant, elle s'évanouit, et j'en rendis grâces à
Dieu.

Au moment où le grand vieillard, dont les cheveux flottaient comme sous le vent d'une fournaise,
allait frapper la pauvre petite toute tremblante, miss
Furnivall, la vieille dame que j'avais à mes côtés,
s'écriait d'un ton lamentable : « O mon père ! mon
père ! épargnez cette pauvre enfant ! » Mais alors
même, je vis, nous vîmes tous un autre fantôme se
détacher de la lumière bleue et vague qui remplissait

la salle. C'était une autre dame qui se tenait debout
près du vieillard avec un regard de cruelle rancune
et de mépris triomphant. Sa beauté était remarquable; ses lèvres rouges et dédaigneuses. Un
chapeau de castor blanc, orné d'une longue plume,
couvrait son front altier. Elle portait une robe de
satin bleu ouverte sur la poitrine. J'avais déjà vu
cette figure. C'était la ressemblance de miss Furnivall dans sa jeunesse.

Les fantômes continuaient de se mouvoir vers la
porte de la grande salle, sans prendre garde aux
ardentes supplications de la vieille miss Furnivall; et
quand la béquille que brandissait le vieux lord tomba
sur l'épaule droite de l'enfant, la sérénité de marbre de
la cruelle jeune fille n'en parut pas même altérée.
Soudain ces lumières étranges qui ne dissipaient pas
les ténèbres, ce feu qui ne répandait aucune chaleur,
s'éteignirent d'eux-mêmes; et nous vîmes la vieille
miss Furnivall gisante à nos pieds, mortellement
frappée.

On la porta dans son lit, d'où elle ne devait pas se
relever. Durant son agonie, elle tenait son regard
tourné vers la muraille, murmurant tout bas, mais
ne cessant de murmurer : « Hélas! hélas! la vieillesse ne peut réparer le mal qu'a fait la jeunesse. Non,
jamais, on ne peut le réparer! »

L'HISTOIRE DE L'HOTE (1)

Il y avait une fois, comme disent les contes d'enfants, un marchand qui revint des contrées lointaines
dans son pays natal, où il rapportait, dans un petit
coffret, des diamants qui auraient suffi pour la ran-
çon d'un roi. Ce marchand avait vieilli dans son
commerce. Tous les instincts généreux avaient disparu de son cœur refroidi, et les cendres du feu de la
jeunesse couvraient ce cœur qui ne connaissait plus
ni joie, ni pitié. En revanche, il était toujours habile
et dur en affaires, ne calculant que le tant pour cent.
Pour enfler ses bénéfices ou sauver un denier, il eût vu
d'un œil sec tous ses enfants descendre au tombeau
s'il avait eu des enfants. Comme un bloc de pierre,
il semblait complet en lui-même, isolé de tout; ni
sang ni sève ne couraient dans ses veines; mais il
avait la soif de l'or, comme la terre béante après la
malédiction d'une longue sécheresse, aspire après la
pluie; et lorsqu'il voyait un autre marchand aussi
riche que lui, il brûlait du désir de le dépouiller, par
la force ou la ruse.

(1) Ce conte est en vers dans l'original.

Le voilà descendu sur le rivage sablonneux de la
mer, une fois de plus, il foule le sol natal. Il reconnaît
tous les rochers de l'aride plage; il reconnaît la rivière
qui serpente au loin. Il revoit des scènes qui lui sont
familières; il entend parler une langue qui l'est également pour lui. Il s'arrête. Peut-être que les années
ont un instant laissé son cerveau libre, comme le
reflux de la mer découvre la grève, et qu'il va se
retrouver jeune un instant? Peut-être, par une
émotion étrange et toute nouvelle pour lui, l'amour
de la patrie va-t-il rafraîchir son cœur comme une
rosée? Hélas! non, il ne pense qu'une chose, au
moyen de se coucher cette nuit sans qu'il lui en
coûte rien.

Il gravit donc le chemin tortueux de la petite
ville; là il entend parler du renom d'un prince marchand qui habite le voisinage, et dont la libéralité
égale le luxe royal. On lit ces mots, inscrits sur la
porte toujours ouverte de sa demeure hospitalière :
«Ici, tout le monde est bien venu, riche ou pauvre!»
Notre avare se hâte de tourner ses pas de ce côté
Bientôt il aperçoit dans un agréable lieu, entouré de
masses de feuillages où murmure la brise, les reflets
du marbre blanc au milieu des sombres arbres. En
approchant plus près, il voit s'élever des murs d'une
architecture splendide, percés de nombreuses
croisées qui étincellent comme des yeux, et ornés
de statues, qui de la hauteur où elles sont placées,
ressemblent à des anges faisant halte un instant
dans leur vol vers le ciel. Il admire de longs rangs

do colonnades, des lampes d'or sous des portiques, de vastes terrasses couronnant l'édifice et offrant de paisibles retraites au milieu des airs : tel était le palais du prince marchand.

A travers les vastes portes, on entendait retentir sans cesse les sons des instruments de musique, ces accords qui, portés sur des ailes légères, semblent planer autour de nous et murmurer des choses d'un monde lointain dans une langue divine et inconnue.

Le marchand avare entra dans la salle, et voyant le maître assis à table, il lui cria : « O noble et grand prince, tu vois à tes pieds un pauvre marchand ruiné, qui implore de ta miséricorde un peu de nourriture, pour ne pas mourir de faim sur la grand'route. C'est à ta gracieuse charité qu'il a recours, et il s'agenouille devant toi. » L'hôte se leva, prit le marchand par la main avec un sourire de bonté, lui parla avec chaleur d'âme, et lui donna à boire et à manger de ses mains. Mais l'avare regardait tout ce qui l'entourait d'un œil de convoitise, et bientôt la splendeur éclatante de cette maison, toute cette prodigalité de richesse, toutes ces merveilles du luxe, l'or étincelant partout, les pierres précieuses dans l'air scintillant comme des étoiles, éveillèrent en lui une pensée infernale de l'enfer, suspendirent sa respiration, précipitèrent le mouvement de son sang et soufflèrent dans son oreille un diabolique conseil. « Quand toute la maison reposera, se dit-il; quand le sommeil aura scellé toutes les oreilles et tous les yeux: quand, fatigués par l'éclat et le bruit du festin, tous

les sens seront assoupis, je me lèverai, je saisirai
tout ce que je pourrai saisir et je le placerai en sûreté dans la cour d'honne r ju qu'à l'aube. Puis pour
m'échapper sans éveiller les soupçons, je mettrai
le feu à ce palais ; je brûlerai le phénix dans son lit
de parfums. »

Quand la fête fut finie, tout le monde se retira
pour se livrer au repos, et le vieux marchand, aux
lèvres perfides, dit à l'hôte : « Mon doux seigneur !
un esprit blessé vient d'être guéri par le baume de
votre amour. Puisse celui qui règne dans les cieux
augmenter encore vos richesses. Cette nuit même
contribuera peut-être à remplir vos coffres-forts.
Pourquoi me regarder d'un air incrédule ? Souvent
le ciel accomplit son œuvre dans les ténèbres et
durant le sommeil. Oui, j'en ai le pressentiment, ma
langue vient de prophétiser. »

L'hôte lui répondit du ton le plus courtois. On
conduisit les convives dans les chambres préparées
pour les recevoir. La lumière et la gaîté s'éva-
nouirent à la fois de la salle, et le sommeil appesan-
tit toutes les paupières, hors celles du meurtrier. Le
voyez-vous assis, les yeux fixés sur la large flamme
de la lampe, qui vacille et secoue les ombres
comme la main d'un spectre. Il pense au noir
dessein qu'il a formé, il écoute le silence qui l'en-
toure ; il entend au dehors souffler la bise, chanter
le grillon et gémir le solitaire oiseau de la bruyère
voisine. Enfin il prend sa lampe et sort furtivement
de sa chambre La maison silencieuse semble sa

complice. Les ombres s'agitent le long des escaliers
et ses pas comme des démons couverts d'un linceul
noir. Les colonnes de marbre, avec leur blancheur
de spectre, semblent, du milieu des ténèbres, venir
au-devant de la lumière. Un silence sinistre règne
partout. Personnification de l'avarice au visage as-
tucieux, le criminel marchand entre dans la salle du
banquet, maintenant froide et déserte. Il remplit un
sac de vaisselle d'or, de bijoux et de pierreries ; il
prend tout ce qu'il trouve à sa fantaisie, et joignant
à son butin la caisse qui renferme ses propres
diamants, il cache tout dans un coin de la cour
d'honneur.

Et maintenant, réveillez-vous, imprudents qui
dormez ; car autour de vous, le meurtre rôde. Un
démon s'est glissé dans la maison hospitalière, et
pendant votre sommeil, il rampe autour des fondements de l'édifice ; il amasse les fagots et la paille ;
il y met le feu. Bientôt les flammes, prenant de la
force, feront éclater ces pierres massives ; elles les
envelopperont d'un épais manteau de fumée, et leur
clarté sinistre déchirera la nuit. Déjà la Terreur
montre sa tête hideuse. Le crime, enfant, grandit
et se fortifie. Adieu la joie ! adieu les fêtes ! Les
flammes mordent et dévorent les poutres, s'élan-
cent à travers les croisées et se tordent comme des
serpents. Les énormes colonnes sont embrasées ; les
conduits de plomb se fondent et coulent comme des
ruisseaux ; le feu agile s'élance au sommet de l'édifice et trace dans le ciel des arabesques d'un rouge

sanglant. Partout bondissent des flammes, partout éclatent des gerbes d'étincelles. La nuit s'est enfuie!

Aux premières rumeurs de l'incendie, l'hôte, ses convives et tous ses serviteurs se précipitent pêle-mêle, en tumulte, hors de la maison et dans la vaste cour. Alors seulement ils osent regarder derrière eux; ils voient l'édifice hospitalier dévoré par des serpents de feu ; ils pleurent et se tordent les mains; ils invoquent le ciel!

Cependant le marchand criminel, qu'au milieu même de l'incendie l'avarice dévore, cherche encore du butin dans les chambres désertées par les plus riches convives, et que le feu n'a pas encore atteinte... Enfin, il songe à fuir et regarde dans la cour, mais il est trop tard; la cour est pleine de monde, ce qui lui ôte l'espoir de parvenir, en ce momer du moins, jusqu'au trésor qu'il a caché. « Je suis perdu! s'écrie-t-il, je suis perdu! » La maison n'a pas de porte dérobée qu'il connaisse, et quand il essaie de franchir le seuil hospitalier, un feu vengeur se dresse devant lui et le tient, pour ainsi dire, en arrêt comme un limier. C'est le feu maintenant qui est le maître du logis, et lui l'esclave. Il fuit, il court comme un insensé; il va et revient sur ses pas ; il implore du secours, mais il sait qu'il ne peut lui en venir; il grince des dents comme une bête féroce en cage. Les flammes impitoyables rugissent autour de lui et brûlent déjà ses vêtements. Il hurle à son tour : « Je ne puis plus fuir, le feu que j'ai allumé me tient emprisonné. » Les dalles sont brû-

5

lantes; l'air même s'embrase et siffle. Pour sauver
sa vie, il monte au haut de la maison; il court à une
fenêtre de derrière et voit au loin le ciel rouge
comme du sang. C'est la seule chance qui lui reste.
Il s'élance par la croisée au milieu des arbres : tout
meurtri et à demi-étourdi par sa chute, il se lève de
nouveau, proférant d'étranges paroles et se maudis-
sant lui-même. La tête lui tourne, il bronche à chaque pas; mais cependant il poursuit sa course et
finit par disparaître dans l'obscurité lointaine.

Le bruit et les clameurs ont enfin réveillé tous les
voisins, qui aperçoivent la clarté sinistre et la fumée.
Ils lèvent, ils accourent; ils jettent de l'eau sur les
flammes, et bientôt l'incendie se laisse maîtriser. La
lueur rougeâtre du ciel se dissipe et la nuit revient.
Les fenêtres vides, avec leur feu intérieur, ressemblent encore à des yeux luisants dans les ténèbres.
Ces yeux scintillent longtemps et finissent par se
fermer. Alors, avec des cris joyeux, les fugitifs ren-
trent dans la maison, dont la plus grande partie est
restée intacte, et tous se réjouissent en leur cœur
que les ravages ne soient pas plus grands. Le maître
de ce brillant palais regarde autour de lui, et voit
que tous ses convives, tous ses serviteurs sont sains
et saufs; personne n'a perdu un cheveu. Il ne manque que le vieux marchand; lui seul ne répond pas
à l'appel; on ne trouve nulle part ses traces, quoiqu'on cherche dans toutes les salles vides et sous les
ruines fumantes amoncelées contre les murs. On
aurait fini par croire qu'il ne s'était pas réveillé à

temps pour fuir, lorsque, sous un morceau de bois
calciné, sa lanterne est découverte. C'est par là que
le feu a commencé : alors ils se disent entre eux :
« C'est donc cet homme qui a allumé l'incendie où
nous avons failli périr tous. » Et, dans le même instant, d'autres personnes trouvent dans la cour le
butin que le misérable avait amassé. Mais, ô surprise étrange! ce butin est p ¹ligieusement aug-
menté par un petit coffret où sont enfermés les plus
beaux diamants de l'Orient, diamants plus précieux
qu'une couronne!

Une proclamation fut faite dans tout le pays d'a-
lentour, pour savoir si personne ne réclamait ces
riches pierreries; mais personne ne les réclama.
Leur véritable possesseur se gardait bien de reparaître pour faire valoir ses titres. Ils finirent donc
par appartenir bien légitimement à celui que leur
premier propriétaire avait payé d'une si noire in-
gratitude; et leur valeur était préférable mille fois
aux dommages causés par l'incendie.

Ce fut ainsi qu'une joie nouvelle sortit d'une cala-
mité imprévue; et l'avare marchand, qui croyait
mentir, avait été prophète malgré lui.

L'HISTOIRE DU GRAND-PÈRE

Lorsque j'occupai pour la première fois une place de commis dans notre banque, le pays jouissait de bien moins de sécurité qu'aujourd'hui. Non-seulement les routes, attendant la réforme de *Macadam*, étaient fatales, en beaucoup d'endroits, aux roues et aux essieux; mais ce qui était plus alarmant encore il fallait s'y prémunir contre les insultes et les vols auxquels étaient exposés les voyageurs. Les incidents de la guerre où nous venions d'entrer agitaient tous les esprits; le commerce était interrompu, le crédit anéanti et la détresse commençait à se manifester dans des classes entières de la population qui avaient jusqu'ici vécu dans l'abondance. La loi, malgré son application draconienne, semblait n'avoir pas d'épouvante pour les malfaiteurs, et il est certain que la cruauté, sans discernement, du Livre des Statuts, allait contre son but en punissant tous les crimes des mêmes peines. Du reste, un temps de pénurie financière n'est pas une mauvaise saison pour une banque. La nôtre florissait au milieu de la grande gêne du pays, et les énormes bénéfices réalisés à cette époque par les banquiers, bénéfices qui leur per-

permirent d'acheter de vastes propriétés et d'éclipser
la vieille aristocratie territoriale, rendaient la profession aussi impopulaire parmi les hautes classes
qu'elle l'était depuis longtemps parmi les masses
irréfléchies. Un banquier leur semblait une sorte de
faussaire patenté, qui créait d'énormes sommes
d'argent en signant des chiffons de papier; et le vol
d'une banque, j'en suis persuadé, aurait été consi-
déré par beaucoup de gens comme une action tout
aussi méritoire que la dispersion d'une bande de
faux-monnayeurs. Tels n'étaient pas, bien entendu,
les sentiments des commis de la banque. Nous sen-
tions, au contraire, que nous appartenions à une
corporation puissante, du bon vouloir de laquelle dépendait la prospérité de la moitié des maisons de
commerce du pays. Nous nous regardions comme
un véritable gouvernement exécutif, et nous rem-
plissions les devoirs de notre charge avec toute la
dignité et tout l'orgueil que peuvent déployer des
secrétaires d'État. Nous nous promenions même
dans les rues d'un air de matamore, comme si nos
poches étaient remplies d'or; si deux d'entre nous
louaient un cabriolet pour faire une excursion à la
campagne, nous affections de regarder à chaque
instant sous la banquette, comme pour voir si nos
trésors étaient en sûreté; puis nous examinions avec
attention nos pistolets pour montrer que nous étions
résolus à les défendre jusqu'à la mort. Souvent ces
précautions étaient réellement requises; car lorsqu'il y avait disette de numéraire chez nos clients,

ou expédiait deux des plus courageux commis avec les fonds nécessaires, dans des sacoches de cuir déposées sous le siége du cabriolet. En raison de la vigueur physique dont j'étais doué, ou peut-être dans l'idée qu'étant peu fanfaron, de mon naturel, je possédais réellement la dose de hardiesse demandée, j'étais souvent choisi pour l'un des gardes de ces précieuses cargaisons; pour preuve de leur impartialité, sans doute, entre le plus silencieux et le plus bavard de leurs employés, les directeurs m'adjoignaient d'ordinaire, pour ce service, le plus grand hâbleur, le plus grand rodomont, le plus grand crâne et le meilleur cœur que j'aie jamais connu. Vous avez, la plupart, entendu parler du fameux orateur et meneur d'élections, Tom Ruddle, qui se présentait à toutes les vacances pour le comté et le bourg, et passait sa vie entière entre deux élections, à solliciter des suffrages pour lui ou pour ses amis. Eh bien, Tom Ruddle était précisément mon collègue à l'époque dont je vous parle; jeune comme moi et le compagnon habituel de mes excursions, lorsqu'il s'agissait de convoyer des trésors.

« Que feriez-vous, disais-je à Tom, si nous étions attaqués ? »

« S'il faut vous le dire? répondait Tom, dont c'était là le préambule favori et la formule, s'il faut vous le dire? je leur enverrais une balle dans la tête. »

« Vous pensez donc qu'il y en aurait plus d'un? »

« S'il faut vous le dire? je le crois, disait Tom ;
mais s'il n'y en avait qu'un, je sauterais à bas du
cabriolet et lui donnerais une bonne volée. Ne
serait-ce pas le juste châtiment de son impertinence? »

« Et si une demi-douzaine s'en mêlaient ? »

« Je les tuerais tous. »

Jamais les sacoches d'or, on le voit, n'avaient été
sous la garde d'un plus déterminé champion que
Tom Ruddle, jeune alors comme moi.

Par une froide soirée de décembre, on nous fit
soudain mettre en route avec trois sacoches d'or que
nous devions délivrer à des clients de la banque, à
dix ou douze milles de la ville. L'air éclairci par la
gelée nous portait à la belle humeur ; notre courage
était excité par la rapidité du mouvement, la dignité
de notre charge, l'importance de notre responsabi-
lité et une paire de pistolets d'arçon couchés en
travers du tablier.

S'il faut vous le dire? me dit Tom, en prenant
un des pistolets dont il arma la double détente,
comme je m'en aperçus plus tard, je ne serais pas
fâché de rencontrer quelques voleurs, certain que je
suis de les arranger comme j'ai arrangé ces trois
soldats licenciés. »

« Comment cela? »

« Ah ! il vaut autant, dit Tom, affectant de prendre
un air soucieux, ne pas parler de ces malheureux
accidents. Le sang versé est toujours une terrible
chose pour la conscience, c'est un vilain spectacle

que celui d'une cervelle qu'on a fait sauter; mais
s'il faut vous le dire! je suis prêt à recommencer.
C'est une chance que courent tous les gens qui ris-
quent leur vie, mon garçon. »

En parlant ainsi, Tom arma de même l'autre pistolet, et regardant d'un air d'audace des deux côtés
de la route, il semblait porter, aux bandits qui pouvaient y être cachés, le défi de se montrer et de venir
recevoir la récompense de leurs forfaits. Quant à
l'histoire des trois soldats et aux sanglantes allusions
à un acte de justice sommaire accompli sur l'un
d'eux ou sur tous les trois, c'était une prodigieuse
rodomontade. Tom avait le cœur si tendre, que le
meurtre d'un petit chat l'aurait rendu malheureux
toute une semaine! Cependant à l'entendre, vous
l'auriez pris pour un Richard III civil, «sans amour,
pitié, ni peur.» Ses favoris n'étaient pas moins fé-
roces que ses paroles et lui donnaient l'air d'un
homme ne voulant entendre que batailles, meurtre
et ruine! Il continua donc de jouer avec son pistolet et de se poser en implacable exécuteur des
vengeances des lois, jusqu'à ce que nous eussions
atteint la petite ville où résidait un de nos clients et
où l'un de nous devait descendre pour porter une
des sacoches à sa destination. Tom entreprit cette
tâche. Le village où devaient être délivrées les autres
sacoches n'étant situé qu'à un mille plus loin, il fut
convenu qu'il me rejoindrait à travers champs, après
s'être débarrassé de l'argent. Avant de me quitter, il
visita soigneusement l'amorce de son pistolet, l'en-

fonça d'un air crâne dans la poche extérieure de son
par-dessus et s'éloigna d'un pas majestueux, tenant la
sacoche à la main.

Resté seul, je fis sentir le fouet au cheval et je
trottai gaîment vers ma destination, ne songeant pas
le moins du monde aux voleurs, malgré la conversation de Tom Rud.

Notre second client habitait a l entree du village ;
c'était un fermier dont les opérations agricoles exi-
geaient l'emploi de beaucoup de numéraire. Je m'arrêtai au coin de la petite rue étroite et sombre qui
conduisit à sa maison, et mon absence ne pouvant
se prolonger au-delà de quelques minutes, je quittai
le cabriolet pour porter plus vite une des sacoches à
son destinataire. Cette opération faite, je pris congé
de lui, après avoir refusé stoïquement toutes ses
invitations, tant il me tardait d'être dans mon cabriolet. Tout-à-coup, j'aperçus à la clarté des étoiles,
car la nuit était venue, un homme monté sur le
marche-pied et fouillant sous le siége. Je m'élançai
sur lui. L'homme, alarmé par mon approche, se retourna rapidement, et, me présentant le canon d'un
pistolet, il fit feu si près de mes yeux qu'un instant je
restai comme aveuglé. L'action fut si soudaine et ma
surprise si grande, que, durant quelques minutes
aussi, je fus tout hors de moi, sachant à peine si
j'étais vivant ou mort !

Quant au vieux cheval, il ne bronchait jamais
lorsqu'il entendait la détonation d'une arme à feu.
J'appuyai ma main sur la jante de la roue, tâchant

de recouvrer mon assiette ordinaire. La première chose dont je pus m'assurer, c'est que l'homme avait disparu. Je me hâtai alors de regarder sous le siége, et, à mon grand soulagement, je vis que la troisième et dernière sacoche était bien en place; mais il y avait une coupure qui semblait faite avec un couteau : apparemment le voleur s'était proposé d'emporter l'or sans l'accompagnement dangereux du sac qui pouvait mettre sur ses traces.

« S'il faut vous le dire? dit une voix tout près de moi, au moment où j'achevais ma recherche, je n'aime pas les mauvaises plaisanteries. Décharger des pistolets pour faire peur aux gens! Cela a-t-il le sens commun? Vous aurez jeté l'alarme dans tout le village. »

« Tom, lui répondis-je, voici le moment de montrer votre courage. Un homme à volé l'argent resté dans le cabriolet, ou du moins tenté de le faire; et il a fait feu sur moi presque à bout portant. »

Tom devint visiblement pâle à cette nouvelle : « N'y en avait-il qu'un? » demanda-t-il.

« Un seul! »

« Alors ses complices sont près d'ici. Que faut-il faire? Si je réveillais le fermier Malins pour lui dire de venir à notre aide avec tout son monde? »

« Non, gardez-vous-en bien, lui répondis-je. J'aimerais mieux affronter une douzaine de balles de pistolet que de faire connaître à la banque mon

manque de prévoyance. Cela me ruinerait pour la
vie. Comptons d'abord l'argent de la sacoche : re-
mettons-la tranquillement, si le compte est juste, à
son destinataire qui habite aussi près d'ici, cherchons ensuite les traces du voleur. »

Ce n'était qu'une sacoche de cent guinées; nous
ne les comptâmes pas néanmoins sans un tremble-
ment nerveux. Il y manquait trois guinées, que
nous pouvions heureusement suppléer de notre
poche, grâce à nos appointements trimestriels tout
récemment touchés. Je laissai Tom un instant seul,
je remis la sacoche à sa destination, sans dire un mot
du vol, et rejoignis mon compagnon.

« Maintenant il s'agit de savoir par où il s'en est
allé ! » dit Tom, reprenant un peu de son ancien air
et brandissant son pistolet comme le chef d'un chœur
de bandits dans un mélodrame.

Je lui avais dit que, dans ma première stupéfac-
tion, je n'avais pas remarqué de quel côté le voleur
battait en retraite. Tom était un braconnier expéri-
menté, quoique fils d'un ecclésiastique : il eût pu
donner un meilleur exemple.

« J'ai entendu un lièvre bouger à cent pas de distance, me répondit-il en collant son oreille contre la
terre gelée; fut-il à un quart de mille, j'entendrai
notre voleur se mouvoir. » Je me couchai à terre
comme lui. Nous fîmes longtemps silence; on n'entendait que notre respiration et celle de notre vieux
cheval.

« Chut ! dit enfin Tom, il sort de son couvert;

j'entends les pas d'un homme, bien loin à gauche. Prenez votre pistolet et venez avec moi.

Je pris donc le pistolet, dont je trouvai la pierre abaissée sur le bassinet; le voleur avait tiré sur moi avec ma propre arme. Il n'était pas étonnant qu'il eût tiré si vite et si mal, car Tom avoua qu'il croyait se souvenir d'avoir oublié de désarmer le pistolet.

« Que cela ne vous inquiète pas, dit Tom ; s'il faut vous le dire? mon intention est de lui brûler d'abord la cervelle avec mon pistolet. Vous pouvez ensuite lui briser le crâne avec la crosse du vôtre. S'il faut vous le dire ? il ne sert à rien d'épargner ces malfaiteurs. Je fais feu dès que je le vois. »

« Attendez au moins que je vous dise si c'est le voleur ou non. »

« Croyez-vous le reconnaître ? »

« A la lueur de l'amorce, j'ai vu deux yeux hagards que je n'oublierai jamais... »

« En avant donc! dit Tom, prenant, comme on dit, son courage à deux mains ; nous gagnerons les trois cents livres sterling de récompense, et nous aurons de plus la satisfaction de voir prendre le vaurien.

Nous nous acheminâmes donc à pas de loup dans la direction indiquée par Tom. De temps en temps, il appliquait son oreille à terre et murmurait toujours : « Nous le tenons! nous le tenons! Il continuait d'avancer avec les mêmes précautions. Tout-à-coup Tom s'arrêta et dit : Il nous a donné le change ;

après nous avoir attirés tout ce temps sur la mauvaise piste, il a rebroussé chemin vers le village. »

« Alors notre plan, lui dis-je, doit être de l'y de-
vancer. De cette manière, il ne saurait échapper, et
je suis certain de constater son identité, si je le vois
à la lueur d'une chandelle. »

« S'il faut vous le dire ? c'est là le bon plan, répliqua mon compagnon, nous le guetterons à l'entrée du village et nous le happerons dès qu'il y ren-
trera. »

Nous nous glissâmes donc par une ouverture de sa
haie et nous regagnâmes la route directe du village ;
Il était maintenant très-tard et il faisait un froid si
intense que tout le monde restait renfermé chez soi ;
on n'entendait d'autre son dans le village que celui
de l'horloge de l'église, dont le carillon sonnant les
quarts d'heure au haut des airs, produisait sur nos
esprits et nos sens surexcités l'effet de salves d'artil-
lerie. Tout près de l'église, qui semblait garder
l'entrée du village, avec ses vieux contreforts et sa
vieille tour, se trouvait un cottage en ruines, avançant assez loin dans la rue, pour ne laisser entre
l'église et cette misérable hutte qu'un espace de huit
à neuf pieds. Une idée nous frappa au même instant,
c'est que si nous pouvions nous y loger, il serait impossible à l'homme en question de se glisser dans le
village sans être aperçu par nous.

Après avoir écouté un moment aux fenêtres et
aux portes du cottage, nous conclûmes qu'il était
inhabité. Poussant alors doucement la porte, nous

montâmes un étroit escalier de pierre et nous nous dirigions à tâtons vers une croisée percée dans un pignon que nous avions remarquée de la route et qui devait commander l'approche du village, quand nous entendîmes une voix murmurer ces mots : « Est-ce vous, William ? » au moment même où nous entrions dans le galetas.

Après nous être arrêtés une minute ou deux, retenant notre haleine et désappointant l'attente de la personne qui parlait, nous nous plaçâmes à notre poste d'observation. Plusieurs quarts d'heure carillonnés par l'horloge s'étaient évanouis « dans les mélodies éternelles » au sommet de la tour, et je commençais à désespérer de voir apparaître l'objet de nos recherches, quand Tom m'allongea en silence un coup de coude.

« S'il faut vous le dire ? murmura-t-il tout bas, j'entends des pas autour du coin. Regardez. Il y a derrière la haie un homme qui a la tête levée vers la fenêtre voisine. Le voilà qui bouge. Suivons-le. Non, ne bougez pas. Attendons. Il traverse la rue. Il vient dans cette maison même ! »

Je vis en effet une figure d'homme se glisser silencieusement à travers la route et disparaître sous le porche du vieux cottage. Notre embarras était grand Nous n'avions pas de lumière et nous ne connaissions aucunement les dispositions des lieux. Un autre quart d'heure carillonné par l'horloge, nous avertit que la nuit s'écoulait rapidement. Nous avions presque résolu de retourner sur nos pas si faire se pouvait, et de regagner l'endroit où nous avions laissé notre infortuné cheval, quand je sentis de nouveau dans mes côtes les coudes de mon ami Tom.

« S'il faut vous le dire? » murmura-t-il, « il se passe quelque chose ici; » et il me montra une faible lueur réfléchie sur les charpentes intérieures du toit, au-dessus de nos têtes.

Cette lueur sortait de la chambre voisine, le mur de séparation n'ayant pas été élevé plus haut que les solives transversales; en sorte que la toiture était commune aux deux chambres. Le mur même n'avait guère que sept ou huit pieds de haut. Nous pouvions donc entendre tout ce qu'on disait; mais on ne disait rien, et notre oreille épiait en vain le moindre son. Cependant la lumière continuait de brûler; on la voyait vaciller au-dessus du mur et se jouer dans le sombre chaume.

« S'il faut vous le dire? dit Tom, il nous serait aisé de voir dans la chambre voisine, en grimpant sur ces vieilles solives. Tenez mon pistolet tant que j'y sois monté; et, s'il faut vous le dire? il me sera aisé de le tuer de là. »

« Au nom du ciel, Tom! lui dis-je, prenez garde à ce que vous faites. Laissez-moi voir d'abord si c'est bien le voleur. »

« Alors, grimpez aussi, » dit Tom, qui, déjà à cheval sur une des solives, me tendit la main pour m'aider à monter. Nous étions tous deux de niveau avec le mur de séparation, et, en allongeant un peu la tête, nous pouvions voir tout ce qui se passait dans la chambre voisine. C'était une bien misérable chambre. Il y avait une petite table ronde et une couple de vieilles chaises ; mais la plus profonde misère était le trait caractéristique de ce galetas désolé, sans feu, malgré le rigoureux hiver.

Une femme, bravant apparemment le froid, était assise près de la table et lisait un livre. La petite lampe, qui avait été allumée sans bruit, projetait à peine sa lueur sur le visage de la lectrice et sur son livre. Ses traits étaient pâles et défaits ; mais elle était encore jeune et belle, ou du moins le mystère et l'étrangeté de cet incident répandaient un si grand intérêt sur sa personne, que je la trouvai telle. Ses vêtements étaient pauvres, et le châle, étroitement serré sur ses épaules, manifestait plutôt qu'il ne cachait leur exiguité. Tout à coup nous vîmes à l'autre extrémité de la chambre une figure sortir de l'obscurité ; Tom serra son pistolet d'une main plus ferme et l'arma, en prévenant le bruit avec son pouce. L'homme se tenait sur le seuil, comme s'il ne savait s'il devait entrer. Il regarda longtemps la femme qui continuait de lire ; puis il s'approcha d'elle en silence. Elle entendit ses pas, leva la tête, et le regarda en face sans dire un mot. Je n'avais vu de ma vie une figure si pâle et si émue.

« Nous partirons demain, dit-il ; j'ai quelque argent comme je l'espérais. » Et, en disant ces mots, il déposa sur la table, devant elle, trois guinées d'or.

Cependant elle continua de se taire, et elle épiait ses traits la bouche à demi-béante.

« S'il faut vous le dire ? dit Tom, à n'en pas douter, c'est notre argent. Est-ce bien là l'homme ? »

« Je ne le sais pas encore. Il faut que je voie ses yeux. »

Cependant la conversation continuait en dessous de nous.

« J'ai emprunté ces trois pièces à un ami, » continua l'homme, comme pour répondre au regard fixé sur lui; « à un ami, m'entendez-vous? J'aurais pu en avoir davantage, mais je n'ai voulu en prendre que trois. Cela suffit pour nous conduire à Liverpool, et une fois là, nous sommes sûrs de trouver un passage pour l'Ouest (1). Une fois dans l'Ouest, le monde est devant nous. Je puis travailler, Marie. Nous sommes jeunes. Un homme pauvre n'a pas de chance ici, mais nous pouvons passer en Amérique avec des espérances toutes fraîches. »

« Et une bonne conscience aussi ! dit la femme à voix basse, mais d'un ton interrogatif et aussi profondément tragique que celui de lady Macbeth.

L'homme restait silencieux. A la fin, pourtant, il sembla s'irriter de la fixité de son regard. Pourquoi me regardez-vous ainsi? lui dit-il. Je vous dis que nous partirons demain. »

« Et l'argent? » dit la femme.

« Je le renverrai à celui à qui je l'ai emprunté,

(1) C'est ainsi que les émigrants anglais désignent l'Amérique.

sur mes premiers gains. Je n'ai pris que trois guinées, de peur de le gêner en prenant davantage. »

« Je veux voir cet ami moi-même, dit Marie, avant de toucher à l'argent. »

« S'il faut vous le dire ? demanda de nouveau Tom, c'est bien sûr là notre homme ! »

« Chut ! lui dis-je ; écoutons. »

« J'ai reconnu un de mes amis dans l'un des commis de la banque de Melfield. C'est de lui que je tiens ces guinées. Je vous en donne ma parole. »

« S'il faut vous le dire ? qu'attendons-nous ? Il avoue tout, dit Tom. Tombons sur lui à l'improviste. Je n'ai jamais vu un plus laid scélérat. »

« Avec cette somme, continua l'homme, voyez tout ce que nous pouvons faire. Elle nous tirera de la détresse où nous sommes tombés, Marie ; vous savez qu'en cela je dis la vérité, sans qu'il y ait de ma part d'autre faute qu'une excessive confiance dans un faux ami. Je ne puis vous voir mourir de faim. Je ne puis voir notre petit enfant, né dans une position confortable, réduit à coucher sur la paille, au fond d'une grange comme cette maison. Non, je ne le puis, je ne le veux pas. »

Il poursuivit, se passionnant davantage à mesure qu'il parlait. « A tout prix, je veux vous rendre une chance de comfort et d'indépendance.

« Et la paix d'esprit ? répliqua Marie. . Oh ! William ! je dois vous dire les horribles craintes qui ont rempli mon âme pendant votre absence, durant cette terrible nuit. J'ai lu et prié. J'ai demandé des consolations au ciel. Oh ! William ! rendez l'argent à votre ami. — Je ne dis rien de l'emprunt ; — rendez cet argent. Je ne puis le regarder. Manquons de tout ; mourons, s'il le faut, mais rendez cet argent.

Tom Ruddle désarma tout doucement son pistolet et passa la manche de son pardessus sur ses yeux.

« Ayons confiance en Dieu, William, poursuivit la femme, et la délivrance viendra. Le temps est très-froid, ajouta-t-elle. Il n'y a plus d'espérance visible, mais je ne puis désespérer de tout à cette époque de l'année. Cette grange, comme vous l'appelez, William, n'est pas un séjour plus humble que la crèche de Bethléem, dont je viens de lire la touchante histoire. »

En ce moment, les cloches de la vieille église sonnèrent à pleine volée. Nous étions si près de la tour que leurs vibrations ébranlaient les solives sur lesquelles nous nous tenions à cheval et remplissaient tout le cottage de leur rude harmonie. « Écoutez ! s'écria l'homme étonné, qu'est-ce que c'est que cela? — C'est le matin de Noël, répondit la femme. Ah ! William, William ! dans quel esprit nous devrions accueillir ce jour ! dans quel esprit différent nous l'avons maintes et maintes fois accueilli dans des temps plus heureux ! »

L'homme prêta l'oreille aux cloches pendant une minute ou deux ; puis il s'agenouilla et cacha sa tête sur les genoux de sa femme. Il se fit un profond silence, sauf la musique de Noël. « S'il faut vous le dire ? dit Tom, je me rappelle qu'à cette heure nous chantions toujours un hymme dans la maison de mon père. Allons-nous-en : je ne voudrais pas pour mille guinées troubler ces pauvres gens.

Nos préparatifs pour descendre firent un peu de bruit. L'homme regarda en l'air, tandis que la femme restait absorbée dans ses prières. Comme ma tête dépassait juste le niveau du mur, nos yeux se rencontrèrent. C'étaient bien les mêmes yeux qui étincelaient d'un éclat sauvage, quand le coup de pistolet était parti du cabriolet. Nous continuâmes notre descente. L'homme se releva tranquillement de sa position agenouillée et mit son doigt sur sa bouche. En descendant les escaliers, nous le trouvâmes qui nous attendait sur le seuil de la porte. «Non pas devant elle, dit-il. Je veux lui épargner ce triste spectacle, si je puis. Je suis coupable du vol, mais je ne voulais pas vous faire mal, monsieur. Le pistolet est parti dès que je l'ai touché. Au nom du ciel, dites-le-lui avec des ménagements quand vous m'aurez emmené ! »

« S'il faut vous le dire ? dit Tom Ruddle, dont les dispositions belliqueuses s'étaient tout-à-fait évanouies, le pistolet était mon erreur, et tout ceci est une erreur aussi. Venez me voir, mon ami et moi, à la banque, après demain, et s'il faut vous le dire ? le diable de vent ! il est si piquant qu'il me fait venir les larmes aux yeux ; oui, s'il faut vous le dire, nous nous arrangerons pour vous en prêter davantage.»

Les cloches continuaient de sonner dans l'air. Il

était près de minuit, et notre retour au logis à travers les chemins durcis par la gelée fut la plus agréable promenade en voiture que nous eussions faite de notre vie.

L'HISTOIRE DE LA FEMME DE JOURNÉE.

Une personne n'est pas sans éprouver un certain embarras, quand elle se voit appelée par les maîtres dans la salle à manger, pour y porter de joyeux toasts de Noël; et Dieu sait si je souhaite à toutes les personnes présentes autant de bonnes fêtes qu'elles peuvent s'en souhaiter à elles-mêmes; mais aussi on me demande mon histoire du Revenant. Vraiment!... ce n'est pas aussi aisé qu'on le croirait de se rappeler tout de suite, comme cela, les circonstances d'une apparition qu'on a vue et vue de ses propres yeux ! Heureusement je n'ai pas précisément vu moi-même la chose, car ce fut Thomas qui la vit et qui l'entendit. Cependant, puisque l'histoire du Revenant semble être arrivée aux oreilles des jeunes ladies par la bonne, et qu'elles veulent en savoir les détails exacts, je vais vous les dire.

J'étais cuisinière chez l'alderman Playford, quand il mourut subitement; et nous eumes un bien beau deuil, nous autres, les domestiques. Je dis *nous*, quoique je ne sois plus aujourd'hui qu'une femme de journée, gagnant péniblement ma pauvre vie.

L'alderman tenait deux maisons · sa maison de

ville à Dewcester, pour son commerce et sa maison
de campagne à Brownham, à cinq ou six milles de
distance. J'étais à Brownham, et je préférais y être,
parce que les jeunes ladies le préféraient aussi ;
c'étaient de vraies ladies, sur mon âme. Tout était
confortable à Brownham ; je puis même dire dans
le grand style : il y avait des jardins, des étangs
pleins de poissons, une brasserie, une laiterie, sans
parler des écuries et de tout ce qui suit.

Dans les dernières années, l'alderman passait
aussi la plus grande partie de son temps à Brownham. Thomas, le cocher, le conduisait et le ramenait
quand il était obligé d'aller à Dewcester, où il cou-
chait quelquefois, s'il y avait une affaire importante
en train dans la chambre des aldermen ou une prochaine élection dans le district ; car l'alderman, vous
le savez, était fameux pour les élections. Mais
Thomas revenait toujours à la maison, et son maître,
lors même qu'il restait à Dewcester, le renvoyait à
Brownham pour nous protéger, nous autres femmes,
et faire son service.

Maintenant il faut vous dire que l'alderman avait
eu une attaque de paralysie peu d'années auparavant,
et que depuis lors, malgré son rétablissement, il
avait conservé une manière de marcher très-curieuse,
car un de ses souliers faisait entendre un craquement
singulier, ne ressemblant à aucun autre bruit. Lorsqu'il descendait l'allée de gravier devant la façade
ou qu'il allait d'un endroit à l'autre dans la maison,
son soulier craquait, craquait si bien, que sans voir

l'alderman on savait toujours où il était. Il ne mar-
chait ni lourdement, ni vite, et longtemps avant
qu'il fût en vue nous étions avertis qu'il arrivait par
le craquement de son soulier, même avant d'entendre le bruit de ses pas. J'ai bien entendu des
souliers craquer en ma vie, mais jamais comme
celui-là !

Nous étions très-bons amis, Thomas et moi. J'ai
cru longtemps qu'il avait des intentions plus sé-
rieuses, et je ne peux penser, même aujourd'hui, que
ce fut uniquement de l'amour à l'office, comme on
dit, mais il y avait quelque chose de cela. Qui peut
dire ce qui fût arrivé, s'il n'avait pas épousé la veuve
Rogers que tout le monde croyait si bien pourvue
après la mort de son défunt, et qui, pourtant, n'avait
rien. Pauvre Thomas! Le lendemain de ses noces
fut un triste jour pour lui; mais il n'y avait plus à
revenir là-dessus. Nous n'en restâmes pas moins
bons amis à Brownham, comme il convient aux personnes attachées au même service. J'étais maîtresse
absolue dans ma cuisine, et il n'en faisait pas plus
mauvaise chère.

Un soir, il était revenu de conduire l'alderman à
Dewcester, et il devait aller le chercher le lendemain dans l'après-midi. La nuit était humide et
pluvieuse; il faisait grand vent. Assis dans la cuisine,
nous entendions battre la pluie contre les volets et
l'eau ruisseler des gouttières. Le vent s'époumonait
comme un homme en colère, et tourbillonnait autour de la maison comme s'il cherchait un endroit

pour y pénétrer. Thomas avait ôté ses grandes
guêtres et ses autres effets mouillés pour mettre ses
habits de service. Rassemblés tous autour du feu,
nous bavardions un peu plus tard qu'à l'ordinaire. Les
jeunes ladies étaient déjà montées se coucher et les
autres servantes finirent par gagner leur lit, nous
laissant un moment à nous-mêmes, Thomas et moi.
Alors nous recommençâmes à causer de la famille et
des voisins. Je pensai que Thomas profiterait de l'occasion pour me faire ses confidences; mais il fut
comme tous les jours. Quand l'horloge de la cuisine
marqua minuit moins un quart, je pris ma chandelle
et je lui dis: « Bonsoir, Thomas, je vais me coucher.
— Bonne nuit, dit-il, cuisinière. Après avoir débarrassé la table dans la salle à manger, je gagnerai
aussi mon lit, car je suis très-fatigué. »

Je n'étais pas montée depuis plus d'un quart d'heure,
et je n'avais pas fini de me déshabiller, lorsque j'entendis tapoter à ma porte. « Qui est là ? demandai-
je un peu effrayée. — C'est moi, cuisinière, répondit
Thomas, j'ai besoin de vous parler. » Je ne pouvais
m'imaginer ce qu'il me voulait, car il avait eu tout
le temps de me dire les choses les plus particulières.
J'avais d'ailleurs un peu raison de croire qu'il avait
vu la veuve Rogers cette après-midi-là même. Je me
rhabillai donc et je sortis dans le corridor, où se
tenait Thomas d'un air plus grave que je ne lui
avais jamais vu, même à l'église. « Descendez, cuisinière, murmura-t-il, j'ai quelque chose à vous
dire; » tout cela d'un air si solennel que je ne

6

pouvais vraiment deviner ce dont il était question.

Nous voilà donc descendus dans la cuisine. Je ranimai le feu et je m'assis tout près ; Thomas prit une chaise et se plaça de l'autre côté. Il avait l'air d'être à un enterrement. « Cuisinière, dit-il, je suis certain que vous apprendrez bientôt du nouveau. — Bon Dieu, Thomas, lui répondis-je, qu'apprendrai-je donc ? — Eh bien ! dit-il, vous apprendrez que l'alderman est mort. — Mort ! m'écriai-je, voilà qui est bien étrange ! »

« Pas à moitié si étrange que ce que je viens d'entendre, cuisinière, ajouta Thomas d'une voix sépulcrale, je viens d'entendre le spectre de l'alderman et je suis certain que nous ne le reverrons plus en vie ! En entrant dans la salle à manger pour débarrasser le souper des jeunes ladies, j'ai trouvé un grand verre de punch au milieu du plateau. Vous savez que c'est la manière dont elles s'y prennent souvent quand je reviens trempé après avoir conduit l'alderman. (Pour de véritables ladies comme elles, il eût été trop familier de dire : Thomas, voilà un verre de punch pour vous). J'allais donc boire le verre de punch à la santé de l'alderman, poursuivit Thomas, lorsque j'entends la porte du vestibule s'ouvrir et crac, crac, crac, le son des pas de l'alderman qui le traverse. D'abord je ne trouvai rien de bien extraordinaire à son retour à Brownham, malgré l'heure avancée de la nuit. Je déposai donc mon verre de punch, et prenant une chandelle, je

sortis de la salle à manger pour éclairer. Je ne vis rien
du tout; mais les pas de mon maître me devançaient,
crac, crac, crac, et montaient l'escalier. Je les suivis
jusqu'au premier palier; mais là encore, je n'aperçus pas d'alderman, rien absolument. Bon Dieu!
monsieur, m'écriai-je alors, où êtes-vous? Ne faites
pas cela pour me faire peur! Je m'arrêtai et j'écoutai;
aucune réponse, aucun son que le crac, crac, crac!
Les pas montèrent jusqu'à la porte de la chambre à
coucher de l'alderman; je l'entendis s'ouvrir et se
fermer; puis je n'entendis plus rien. Mais, cuisinière, toutes les portes extérieures sont fermées et
barrées pour la nuit. Comment donc l'alderman
aurait-il pu entrer dans la maison? Aussi sûr que
vous êtes en vie, c'est son spectre que j'ai entendu! »

Je le crus aussi dans le moment, et maintenant
j'en suis certaine. Nous passâmes toute la nuit assis
au coin du feu, pour être prêts quand la nouvelle
viendrait de Dewcester. Le lendemain, de grand
matin, il arriva un exprès. Thomas le fit entrer, et
avant qu'il nous eût expliqué ce qui l'amenait à
Brownham, Thomas lui dit: «L'alderman Playford
est mort. » Le messager fut fort étonné, comme vous
le pensez bien . Miséricorde! s'écria-t-il, comment
donc le savez-vous?... — Il est mort, la nuit
dernière, repartit Thomas, au moment où l'horloge
sonnait minuit. J'ai entendu ses pas dans le
vestibule et sur l'escalier. Le pas de l'alderman ne

ressemble à aucun autre, et j'ai su par là qu'il devait être mort.

Je nous souhaite à tous en attendant l'autre monde, une vie longue et heureuse en celui-ci.

———

L'HISTOIRE DE L'ÉCOLIER SOURD

———

Je ne sais comment vous avez fait tous, ni ce que vous avez raconté. Je pensais pendant ce temps-là à ce que je pourrais vous dire à mon tour d'intéressant ; mais je ne sais rien de bien particulier qui me soit arrivé, si ce n'est pourtant tout ce qui concerne Charley Felkin (1), et comment il m'invita à aller chez lui. Je vous dirai cette histoire si vous voulez.

Charley, vous le savez, est d'une année plus jeune que moi. J'étais depuis douze mois chez le docteur Owen quand il y arriva. Il devait être dans ma salle d'études et dans mon dortoir ; il ne savait rien des usages des écoles, ce qui le mit d'abord fort mal à son aise, comme la plupart des nouveaux. Ce fut moi qui fus chargé de le mettre au courant, et nous eûmes beaucoup de rapports ensemble. Bientôt sa tristesse se dissipa ; il prit son parti comme les autres ; nous devînmes grands amis. Il prit goût à nos jeux, et il cessa d'être mélancolique. Nous avions de longues causeries les jours de pluie et

(1) Charley est le diminutif de Charles, équivalant à Charlot.

.123.

pendant les grandes promenades de l'été ; mais nos
meilleures conversations avaient toujours lieu
quand nous étions couchés. Je n'étais pas sourd
alors. Oh ! comme nous aimions à parler de la maison paternelle, à raconter des histoires de revenants
et toutes sortes d'autres histoires. Personne, que je
sache, ne nous entendit jamais, sauf une seule fois ;
encore en fûmes-nous quittes pour un terrible roule-
ment sur la porte, et l'ordre du docteur de nous
endormir à l'instant.

Les choses allèrent ainsi assez longtemps, jusqu'à
l'époque où je commençai à avoir mon mal d'oreille.
D'abord Charley fut très-bon pour moi. Je me rappelle qu'un jour il me dit de m'appuyer sur son
épaule, et me tint la tête chaudement jusqu'à ce que
la douleur fût passée : pendant tout ce temps-là il
ne bougea pas. Peut-être finit-il par se fatiguer de
toutes ses complaisances ; peut-être bien aussi ce
fut moi qui eus tort. Je sentais mon caractère s'alté-
rer ; je redoublais mes efforts pour me contenir ;
mais quelquefois la douleur était si vive et durait si
longtemps, que j'aurais voulu être mort. Je crois
bien qu'alors je devais être d'une fâcheuse humeur
ou taciturne, ce que les écoliers aiment encore
moins. Charley ne semblait pas croire que j'eusse
aucun motif d'être ainsi. J'avais pris l'habitude de
grimper sur le pommier et de là sur le mur, où je
faisais semblant de dormir, pour me débarrasser des
autres ; mais eux ils accouraient tout exprès de ce
côté, et disaient : « Voilà encore le boudeur assis

sur son mur, comme Humpty Dumpty (1). » Un jour
que j'entendais Charley en dire autant, je lui criai,
d'un ton de reproche, ces deux mots : « Oh ! Charley ! » Et il me répondit : « Pourquoi grimpez-vous
toujours là pour bouder ? » Il prétendait aussi que je
faisais beaucoup d'embarras pour rien. Je sais qu'il
ne le croyait pas réellement, mais il s'impatientait
de me voir comme cela. Je le sais, parce qu'il était
toujours si bon pour moi, si joyeux quand mon mal
semblait s'apaiser et que je revenais jouer avec les
autres. Alors, j'étais content aussi, et je croyais que
j'avais eu tort de penser ce que j'avais pensé. Nous
n'avions donc jamais d'explications ; cela nous aurait pourtant épargné bien des choses arrivées plus
tard. Plût à Dieu que nous nous fussions franche-
ment expliqués tous les deux.

Charley, à son arrivée chez le docteur Owen, était
fort en arrière de moi, car il avait une année de
moins, et c'était sa première pension. Je croyais
alors pouvoir me maintenir en tête de toute la classe,
à l'exception de trois élèves, et je faisais de grands
efforts pour cela ; mais, au bout d'un certain temps,
je commençai à descendre. J'apprenais aussi bien
mes leçons qu'auparavant, mais les autres écoliers
étaient plus prompts dans leurs réponses, et il y en
eut bientôt six qui s'emparèrent de ma place habituelle avant que je susse comment cela se faisait.
Le docteur Owen, m'apercevant un jour au dernier

(1) Héros d'une ballade populaire.

rang de la classe, dit qu'il ne m'avait jamais vu là.
Le sous-maître ajouta que j'étais stupide, mais le
docteur préféra attribuer la chose à ma paresse. Les
autres élèves en dirent autant et me donnèrent des
sobriquets. Je commençais moi-même à croire
comme eux, et j'en ressentis bien de la peine. Charley entra dans notre classe avant que j'eusse été
moi-même jugé capable d'entrer dans une autre, et
le fait est que je n'en sortis jamais. Je crois que son
père et sa mère m'avaient d'abord cité à lui comme
un exemple, car il avait dû lui-même bien parler
de moi quand il m'aimait.

A la fin, il parut s'appliquer à me repasser dans
la classe. Je fis tout mon possible pour l'en empêcher. Il s'en aperçut et redoubla d'application. Je
ne pouvais guère l'aimer alors. J'avoue même que
j'étais de très-mauvaise humeur, et cela l'exaspérait
à son tour. J'avais beau me fatiguer jusqu'à tomber
malade pour bien apprendre mes leçons et bien répondre aux questions du maître, Charley l'emportait sur moi et abusait de son triomphe. Je ne voulais pas me battre avec lui, parce qu'il n'était pas
aussi fort que moi ; et d'ailleurs, je devais convenir
qu'il savait mieux ses leçons. Nous allions nous
coucher sans nous dire un mot. C'en était fait depuis longtemps des histoires que nous nous racon-
tions la nuit. Un matin, Charley me dit en se levant
que j'étais l'être le plus morose qu'il eût jamais vu.
Je craignais bien depuis quelque temps de devenir
morose, mais je ne voyais aucune raison pour qu'il

me le dît justement ce matin-là. Il y en avait une
pourtant, comme je le sus plus tard. Je lui dis tout
ce que je pensais, c'est-à-dire qu'il était devenu
très-malveillant pour moi, et que s'il ne se conduisait pas comme autrefois, je ne supporterais pas son
injustice. Il me répondit que, lorsqu'il essayait de
le faire, je le boudais. Je ne savais pas alors la raison
qu'il avait pour le dire, ni ce que signifiait tout cela.
La vérité est, qu'éprouvant la veille au soir du remords de sa conduite envers moi en une circonstance, il m'avait parlé à l'oreille pour me demander
pardon ; mais il faisait noir, il parlait bas : je n'a-
vais rien vu, rien entendu. Il m'avait prié de me
retourner et de lui parler ; mais, naturellement, je
n'avais pas bougé, et il avait dû croire que je lui
gardais rancune. Tout cela est très-fâcheux : je
passe à d'autres choses.

Mistress Owen étant un jour dans le verger, et
venant à regarder par-dessus la haie, me vit couché
la face contre terre. J'avais pris l'habitude de me
coucher ainsi, car j'étais stupide à tous les jeux où
l'on devait s'appeler, et les autres élèves se moquaient de moi. Mistress Owen avertit le docteur :
le docteur dit que je n'étais certainement pas dans
mon état normal, et que pour sa satisfaction per-
sonnelle, il consulterait M. Prat. M. Prat vint en
effet me voir, et trouva que j'étais sourd, sans pouvoir dire ce que j'avais aux oreilles. Il conseillait
une application de ventouses, et je ne sais quoi encore ; mais le docteur fit observer que, vu la proxi-

mité des vacances, il fallait mieux attendre mon
retour chez mes parents. J'y gagnai, toutefois, de
n'avoir plus à disputer les places. Le docteur dit à
tous les écoliers qu'on voyait bien maintenant pourquoi j'avais semblé tant reculer. Non-seulement il
s'en faisait un reproche à lui-même, disait-il, mais
il s'étonnait que personne n'eût découvert plus tôt
la véritable raison.

Le premier de la classe était toujours le plus rap-
proché du sous-maître ou du docteur, quand il faisait réciter lui-même les leçons. Cette place me fut
assignée d'une manière permanente. Je n'eus plus
à la disputer contre personne. Après cela, tous les
élèves, et Charley en particulier, se montrèrent de
nouveau bons pour moi; et j'ose dire que, si j'avais
eu un meilleur caractère, tout serait bien allé; mais
je ne sais pourquoi tout semblait aller de travers
partout où j'étais, et je désirais toujours être ailleurs. Il me tardait maintenant de voir arriver les
vacances. Tous les écoliers, sans doute, les désiraient comme moi, mais moi plus que tous les autres, parce que tout à la maison me semblait si gai,
si distinct, si brillant, dans mon souvenir au moins,
comparativement à l'école pendant ce dernier semestre. On eût dit que tout le monde avait appris à
parler bas. La plupart des oiseaux semblaient s'être
exilés, ce qui me faisait d'autant plus désirer de
voir mes tourterelles, dont Peggy m'avait promis
de prendre soin. La cloche même de l'église paraissait assourdie; et quand l'orgue jouait, il y avait

dans la musique de grandes lacunes qui me faisaient penser qu'il vaudrait mieux ne pas entendre de musique du tout. Mais ces souvenirs-là sont trop désagréables. J'en reviens à Charley.

Son père et sa mère m'invitèrent à venir passer la première semaine des vacances avec lui. Mon père me dit d'y aller; j'obéis, et jamais de ma vie je ne fus si mal à mon aise. Je n'entendais pas ce qu'ils se disaient les uns aux autres, à moins d'être tout à fait au milieu d'eux, et je ne pouvais manquer d'avoir l'air stupide quand ils riaient aux éclats et que je ne savais pas même ce dont il s'agissait. J'é-tais sûr que les sœurs de Charley se moquaient de moi, Catherine en particulier. Il me semblait tou-jours que tout le monde me regardait et je sais qu'on parlait quelquefois de moi; je le sais par quelque chose que j'entendis dire à mistress Felkin, un jour qu'il y avait du bruit dans la rue, et qu'elle parlait très-haut sans le savoir, « on ne nous a jamais pré-venus, disait-elle, que ce pauvre enfant était sourd. » Je ne sais pourquoi, mais cela me parut insuppor-table; et à dater de ce moment, plusieurs personnes prirent l'habitude de me dire les moindres choses d'un ton si criard que tout le monde se retournait pour me regarder. Parfois aussi je me trompais sur ce qu'on me disait; et une de mes bévues fut si ridicule que je vis Catherine se tourner pour rire et elle ne cessa plus de rire pendant bien longtemps. C'était plus que je n'en pouvais supporter; je m'en-fuis. Il y avait sans doute folie à moi d'agir ainsi. Je

sais que j'avais fini par avoir un très-mauvais caractère, je sais que M. et mistress Felkin durent trouver qu'ils s'étaient bien trompés à mon égard et
dans leur choix d'un camarade pour Charley ; mais
que me servait-il de rester plus longtemps pour être
l'objet de la commisération ou du ridicule, sans
faire de bien à personne ? Je m'enfuis donc au bout
de trois jours ; j'aspirais au moment d'être de retour
à la maison, car là, je n'en doutais pas, je trouverais
tous les comforts réunis. Je savais où passait la diligence, à un mille et demi de l'habitation de M. Felkin, de très-grand matin. Je sortis donc par la croisée du cabinet d'étude et je me mis à courir ; j'avais
tort d'être si effrayé, car personne n'était encore
levé dans la maison ; je fus seulement forcé de
demander au jardinier la clé de la porte de derrière,
qu'il me jeta par la croisée de sa loge. Une fois
dehors je lui criai de recommander à Charley de
m'envoyer mes effets chez mon père. Au bord de la
route, il y avait un étang au pied d'une grande haie
que couvraient des arbres très-sombres ; il me vint
subitement l'idée de m'y noyer, de n'être plus un
embarras pour personne et d'en finir avec mes peines. Ah ! quand j'aperçus le clocher de notre église,
je n'en fus pas moins heureux ! et quand je vis la
porte de notre maison, je crus à la durée de ce
bonheur !

Mon espoir s'évanouit bientôt. Je n'entendais pas
ce que murmurait ma mère quand elle m'embrassait.
Toutes les voix étaient confuses et tout me semblait

devenu plus silencieux et plus triste ; j'aurais dû
savoir cela d'avance, mais je ne m'y attendais pas.
J'avais été vexé d'être appelé sourd par les Felkins,
et maintenant je me sentais blessé de la manière
dont mes frères et mes sœurs me trouvaient en faute,
parce que je n'entendais pas toujours. « Il n'y a pire
sourd que celui qui ne veut pas entendre ; » me dit
un jour Ned, et ma mère répétait sans cesse que
c'était pure faute d'attention ; que si je n'avais pas
l'esprit distrait j'entendrais aussi bien que personne.
Je ne crois pas que je fusse jamais distrait ; je désirais tellement entendre, je faisais tant d'efforts pour
cela, que souvent les larmes m'en venaient aux
yeux ; alors je courais m'enfermer dans ma chambre pour pleurer tout à mon aise. Sûrement j'étais à
moitié fou alors, à en juger par ce que je fis à mes
tourterelles dans un moment de fureur. Peggy en
avait pris grand soin pendant mon absence ; elles
me reconnurent tout de suite et vinrent, selon leur
ancienne habitude, percher sur ma tête et mes
épaules, comme si je n'avais jamais quitté la maison ;
mais leurs roucoulements, quand elles n'étaient pas
sur moi, ne ressemblaient plus du tout à ce qu'ils
avaient été. Pour les entendre j'étais forcé de mettre
ma tête contre leur cage ; j'entendais cependant bien
d'autres oiseaux. Je m'imaginai que c'était la faute
des tourterelles et qu'elles ne voulaient plus roucouler pour moi. Un jour j'en pris une hors de la
cage ; je la caressai d'abord et j'employai tous les
moyens de douceur. A la fin je pressai un peu son

cou dans mon impatience, puis saisi d'un accès de
frénésie parce qu'elle s'obstinait à ne pas roucouler,
je la tuai... oui, je lui tordis le cou! Vous vous rap-
pelez tous cette triste histoire-là, comme je fus puni
sévèrement et justement, et ce qui s'en suivit; mais
personne ne sut combien je me sentais misérable, je
me faisais horreur à moi-même pour ma cruauté. Je
n'en dirai pas davantage, et si j'ai fait mention de
ce malheur, c'est pour expliquer ses conséquences.

La première chose qui en résulta fut que toute la
famille eut plus ou moins peur de moi. Les servantes s'enfuyaient à ma vue et ne me laissaient jamais
jouer avec la plus jeune enfant, comme si j'allais
l'étrangler! J'affectais de ne redouter aucun châtiment et je me conduisais, je le sais, d'une manière
horrible. Une chose très-désagréable dont je m'a-
perçus, c'est que mon père et ma mère ne savaient
pas tout. Jusqu'alors j'avais toujours cru le contraire, mais maintenant ils me comprenaient, et me
conduisant comme je le faisais, cela n'avait rien
d'étonnant. Souvent ils me conseillaient de faire des
choses impossibles, de demander, par exemple, ce
que tout le monde disait; mais nous passions tous
les dimanches près de la tombe de la vieille miss
Chapman; et je me rappelais bien ce qui avait lieu
lorsqu'on la voyait de son vivant approcher de la
porte : « Miséricorde! » criait-on de tous côtés,
« voilà encore miss Chapman! Qu'allons-nous faire?
elle va rester jusqu'au dîner et nous serons enroués
pour une semaine. Ne faut-il pas lui dire tout ce

qu'elle demande? Jamais elle n'est contente, quel
fléau ! » Et ainsi de suite jusqu'à ce qu'elle entrât.
Tout cela parce qu'elle voulait savoir ce que chacun disait. Je ne pouvais supporter l'idée d'être
comme elle, mais je ne pouvais comprendre non
plus pourquoi on se plaignait tant d'elle, moi tout
le premier. C'était par une sorte d'instinct que je ne
faisais pas alors ce que mon père et ma mère me
disaient de faire, et je suis sûr qu'ils n'y comprenaient rien. Maintenant je vois bien pourquoi et
eux aussi. Un sourd ne peut savoir ce qui mérite
d'être répété et ce qui ne le mérite pas. S'il ne
demande rien, quelqu'un prend toujours la peine
de lui dire ce qui vaut la peine d'être dit; mais s'il
fait sans cesse d'ennuyeuses questions, on est bientôt aussi las de lui que nous l'étions de la pauvre
miss Chapman.

Forcé de me suffire à moi-même, j'employais d'ordinaire une grande partie de la journée à lire dans
un coin. Je faisais tout seul de grandes promenades
sur la bruyère, tandis que les autres se promenaient
ensemble dans les prairies ou sur les chemins. Mon
père m'ordonnait souvent de faire comme les autres,
et alors je changeais le lieu de mes excursions, mais
je ne m'en isolais pas moins. Il y avait sur la
bruyère un étang si semblable à celui dont j'ai parlé,
que les mêmes idées m'étaient revenues; je m'as-
seyais des heures entières sur les bords de cet étang
et j'y jetais des cailloux. Alors je commençai à m'i-
maginer que je serais plus heureux après mon re-

tour chez le docteur Owen. C'était une idée très-
sotte puisque la maison même avait réellement désappointé mes espérances; mais tout le monde, je
pense, espère toujours une chose ou une autre, et
je ne voyais rien moi, à espérer... mais me voilà
encore dans les tristesses, oubliant de parler de
Charley.

Un jour, à l'heure où les grandes personnes son-
geaient elles-mêmes à aller se coucher, je descendis
avec mes habits de nuit, marchant dans mon sommeil, les yeux grands ouverts. Les dalles de pierre
de la salle, si froides pour mes pieds nus, me réveil-
lèrent; mais alors même je ne pouvais être complé-
tement éveillé, car j'entrai dans la cuisine au lieu de
retourner dans mon lit, et je me rappelle fort peu
ce qui se passa cette nuit. On dit que pendant tout
le temps j'écarquillais les yeux devant les chan-
delles. Je me rappelle cependant que le docteur Ro-
binson était là. Je me réveillais souvent en sursaut
et je rêvais toujours; je rêvais de toutes sortes de
musique, du vent qui soufflait, de gens qui parlaient
de toutes les peines que j'éprouvais à ne pouvoir
entendre personne. Beaucoup de mes rêves finis-
saient par une querelle avec Charley que je renver-
sais à terre d'un coup de poing. Ma mère ne savait
rien de cela; elle fut aussi effrayée de mon somnam-
bulisme que si j'étais devenu fou. Le docteur Ro-
binson conseilla de me renvoyer en pension pour un
semestre et de voir comment j'irais après l'essai de
quelques remèdes pour mes oreilles.

Charley arriva chez le docteur Owen deux heures après moi ; il ne parut pas souhaiter de me serrer les mains et s'écarta à l'instant. Voyant bien qu'il n'avait plus l'intention « d'être amis, » je supposai qu'il regardait ma faute comme un affront pour la maison de son père ; mais je ne sus, ni alors, ni quelque temps après, toutes les raisons qu'il avait de m'en vouloir. Quand plus tard, nous redevînmes camarades, j'appris que Catherine avait vu combien ses rires m'avaient offensé et que, fort affligée de m'avoir fait de la peine, elle était montée plusieurs fois pour frapper à la porte de ma chambre et pour me prier de lui pardonner ou du moins de lui parler. « Elle avait frappé si fort que j'avais dû certainement l'entendre, » disait-elle ; mais je ne l'avais pas entendue du tout. Le second grief était ma fuite. Naturellement Charley ne pouvait me la pardonner ; je n'avais pas maintenant de plus grand ennemi que lui. En classe, il me battait, cela va sans dire ; tout le monde pouvait en faire autant, mais il me restait une chance dans les choses qui ne se faisaient pas en classe et où l'oreille n'était pour rien, dans la composition latine, par exemple, pour un prix que Charley tenait beaucoup à gagner ; et il comptait bien l'avoir, quoique jeune, parce qu'il était bien avant moi dans la classe. J'obtins pourtant le prix. Alors quelques-uns des élèves crièrent à l'injustice ; ils attribuaient mon succès à la faveur, et en apparence ils avaient raison, car j'étais devenu stupide ; ils disaient cela et Charley le disait aussi. Charley me provoquait de toutes les manières, plutôt à cause de l'injure faite à Catherine, que pour la sienne propre, comme il me le dit plus tard. Un jour, il m'insulta tellement dans la cour de récréation, que je le renversai à terre d'un coup de poing. Je n'avais plus de raison pour ne pas le faire ; car il avait beaucoup grandi ; il était aussi fort que je l'avais jamais été, tandis que j'étais bien loin de l'être moi-même autant qu'avant cette époque et que je le suis redevenu depuis. Dès qu'il se fut relevé, il s'élança sur moi dans la plus grande rage qu'on puisse voir. J'étais comme lui, et nous nous fîmes du mal tous les deux, je vous assure, au point que mistress Owen vint nous voir dans nos chambres, car on nous avait donné des chambres séparées durant ce semestre. Nous n'avions pas besoin de rien dire à mistress Owen et nous n'aurions pas voulu avoir l'air de chercher à la mettre dans nos intérêts ; mais elle s'aperçut bien de manière ou d'autre que je me sentais très-isolé et que j'étais bien malheureux. Ce fut, grâce à elle, j'en suis certain, que le cher et prudent docteur me manifesta tant d'amitié quand je retournai dans la classe, sans cesser d'être bienveillant pour Charley. Il me demanda même, une après-dînée, de faire une promenade avec lui dans son cabriolet, me donnant pour prétexte que ses affaires le conduisaient près de l'endroit où ils avaient été en classe ensemble, lui et mon père ; mais c'était plutôt, je le crois, pour avoir une longue conversation avec moi sans être dérangé

Nous parlâmes beaucoup de certains héros de l'antiquité et ensuite de plusieurs martyrs. Il dit, et rien assurément n'est plus vrai, qu'il est avantageux pour l'homme de voir clairement, du commencement à la fin, en quoi doit consister son héroïsme, afin qu'il puisse s'armer de courage et de patience, se garantir des surprises, etc. Je commençai à penser à moi-même, sans toutefois supposer qu'il y pensât aussi; mais cela vint par degrés. A son avis, disait-il, la surdité et la cécité étaient peut-être de tous les fardeaux les plus lourds à porter.

Il les appelait des calamités. Je ne puis vous rapporter tout ce qu'il me dit, son intention n'était pas non plus que cela allât plus loin que nous; mais il me dit les plus tristes choses et il me les dit à dessein. Il ne me déguisa pas que mon mal était sans remède; il énuméra toutes les privations que me causerait mon infirmité; mais rien de tout cela, ajouta-t-il, ne pouvait m'empêcher d'être un héros, et, sous ce rapport, j'avais devant moi une large et belle carrière, non pour la renommée qui s'y attache, mais pour la chose en elle-même. Je m'étonnai de n'avoir pas plus tôt pensé à tout cela, mais je ne crois pas que je l'oublierai jamais.

A notre retour, je vis Charley rôdant autour de la porte et nous attendant, cela était clair. Il me demanda si je voulais être encore son ami; je n'avais plus, certainement, la moindre rancune. Comme on ne devait souper que dans une heure, nous allâmes nous asseoir sur le mur sous le grand poirier, et nous reparlâmes de tout ce qui s'était passé. J'entendais tout, bien qu'il ne criât pas. Il nous fut aisé de reconnaître que nous nous étions bien trompés tous les deux et qu'en réalité nous ne nous étions jamais haïs. Depuis lors je l'aime plus que je ne l'avais aimé, et ce n'est pas peu dire. Il ne triomphe plus de moi, et tous les jours il me dit cinquante choses auxquelles il ne pensait jamais ; par exemple, que j'avais d'habitude, l'air de ne pas vouloir qu'on me parlât ; mais je me suis merveilleusement défait de cet air-là. Je sais que bien des fois il a renoncé à la satisfaction de son amour-propre et à son plaisir pour me prêter son aide et rester près de moi. Il n'aura plus cette peine en classe, car je ne retournerai pas chez le docteur Owen ; mais je sais comment cela ira cette fois dans la maison de Charley. Je le sais parce qu'il m'a dit que Catherine ne rirait plus jamais de moi. Du reste, elle pourrait le faire sans inconvénient. Je crois, du moins, que je saurais supporter désormais les rires de tout le monde. Mon père et ma mère savent, vous savez tous que tout est bien changé et que nous ne nous querellerons plus jamais Charley et moi. Je ne m'enfuirai plus de sa maison, ni d'aucune autre maison. Oh ! il vaut bien mieux regarder les choses en face ! Comme vous faites tous un signe de tête affirmatif comme vous êtes tous d'accord avec moi

HISTOIRE DE L'INVITÉ

Je fus placé, il y a vingt ans, comme clerc, pour faire mon noviciat de la profession légale, dans le petit port de mer de Muddleborough. Habitée en partie par des agriculteurs, en partie par des pêcheurs, cette petite ville a conservé quelques restes d'une contrebande autrefois lucrative et certaines réminiscences des courses heureuses de ses corsaires, auxquels la principale rue et plusieurs auberges doivent leur fondation. Le recteur, le banquier, le procureur, mon patron, qui tenait enfermées dans des boîtes en fer blanc les affaires litigieuses de la moitié du comté, et à qui une salle à manger poudreuse servait d'étude, le docteur et le propriétaire des deux bricks et du schooner, dont se composait la marine marchande du port, étaient sans conteste les sommités de l'endroit.

Du banquier ou de mon maître, le procureur, lequel était le plus haut personnage entre tous? grande question restée obscure. Le banquier Isaac Scrawby passait pour immensément riche. Les banques provinciales par actions n'existaient pas encore, et il n'était pas un fermier ou un pêcheur qui

ne préférât les bons déchirés et crasseux de Scrawby
aux billets les plus neufs de la banque d'Angleterre;
son papier garnissait donc les petits sacs de toile à
voile des pêcheurs, et les vieilles femmes le thésau-
risaient dans leurs bas de laine, comme on le vit
bien lorsque, forcé de suspendre ses paiements dans
la première crise après le bill de Peel, il donna à
ses créanciers trois shellings pour livre. Mais, d'un
autre côté, le procureur Closeleigh, mon patron,
outre qu'il pouvait faire prêter de l'argent à tout le
monde, connaissait tous les secrets du comté et avait
la main en toute chose, sauf pourtant les naissan-
ces, spécialité qu'il laissait au docteur.

Trois ou quatre clercs, sans me compter, faisaient
cahin caha la besogne de l'étude. Le vieux Closeleigh portait généralement un habit vert garni de
boutons d'or à coquille, des culottes courtes et des
bottes à retroussis. Rarement il s'asseyait ou prenait
une plume, si ce n'est pour écrire une lettre à un
client du premier ordre ; mais il tenait audience les
jours de marché, et dans les saisons des chasses il
instrumentait aussi en plein air, dans les rendez-
vous des chasseurs.

La forte prime payée pour mon apprentissage me
donnait naturellement le droit de ne rien faire. Un
effort fut bien tenté, quand j'étais tout à fait novice,
par le vieux Foumart, le clerc plus spécialement
chargé de la procédure, pour me décider à porter
des assignations ; mais, cette tentative ayant
échoué, on me laissa prendre soin d'une des deux

chambres de la maison déserte où nous avions notre
office, et causer avec les clients tandis qu'ils atten-
daient leur tour.

La monotonie et la « respectabilité » étaient les
traits caractéristiques de notre ville. Nous avions
peu de pauvres, ou du moins nous n'en entendions
guère parler. Les mêmes gens se livraient aux mêmes occupations, et se permettaient les mêmes
amusements plus ou moins graves tout le long de
l'année. Le commencement de la saison des pêches
et la foire annuelle étaient nos seuls événements.
Personne ne faisait fortune, et nul ne perdait celle
qu'il pouvait avoir. La contrebande, sous l'empire
des nouveaux règlements, était devenue trop ha-
sardeuse et trop peu lucrative pour que des gens
respectables voulussent s'y aventurer. On racontait
pourtant de singulières histoires au sujet des risques
courus en ce genre par les pères de la génération
actuelle.

Chaque année, les jeunes hommes les plus re-
muants et les plus ambitieux de toutes les classes
partaient comme un essaim pour des régions où
l'industrie était plus active. En un mot, notre ville
était bien la plus tranquille, la plus somnolente
réunion imaginable de gens routiniers, économes,
ennemis de toute spéculation. Leurs plus grands
efforts collectifs aboutissaient à peine à entretenir
la fontaine publique et la toiture de l'hôtel-de-ville ;
mais jamais on ne put les décider à faire les fonds
nécessaires pour construire une jetée, bien qu'on

en sentit l'impérieux besoin, ni à faire remise des
droits d'octroi à un bateau à vapeur d'invention
récente, qui passait devant notre port, pour le décider à s'y arrêter et à entrer en concurrence avec
les lents caboteurs dont dépendent nos communica-
tions avec la ville voisine.

Dans ce recoin des domaines du Sommeil... arriva un jour par terre ou par mer, dans un bateau
de pêcheur ou sur ses jambes nerveuses, on n'en sut
jamais rien, un homme grand, maigre, pâle, bronzé,
semblant être un ancien soldat, âgé de quarante à
cinquante ans, n'ayant qu'une seule main, et pour
remplacer l'autre un crochet de fer vissé dans un
bloc de bois; pauvrement, salement vêtu, du reste,
et dont l'accoutrement ne ressemblait pas mal à
celui d'un garde-chasse.

Une compagnie composée du recteur, du docteur
et de mon patron, maître Closeleigh, partait précisément pour aller chasser dans une réserve abon-
dante de coqs de bruyère, et déplorait amèrement
l'absence du vieux Phil Snare, le meilleur batteur
du comté, quand le manchot offrit ses services d'une
manière si convenable, si polie, si respectueuse,
qu'ils furent acceptés malgré leur léger assaisonne-
ment d'accent irlandais, mauvaise recommandation
dans notre comté, où les fils de l'Irlande n'étaient
pas en grande faveur. Une longue baguette de noi-
setier fut bientôt dans les mains du nouveau venu,
et avant la fin de la journée, le manchot Peter était
universellement reconnu pour le meilleur batteur

et le drôle le plus amusant qu'aucun des chasseurs
eût jamais connu. D'après son histoire, il jouissait
d'une pension de retraite, et s'en allait rendre visite
à un parent qu'il espérait trouver bien établi dans
une autre ville, à cent milles au nord de Muddleborough. Un verre de grog achevant de délier sa langue, il raconta avec beaucoup de verve et de tact
quelques-unes de ses aventures.

A dater de ce jour, Peter devint le factotum de la
ville, et chacun de s'étonner qu'on eût pu se passer
si longtemps d'un personnage si indispensable. Il
portait les lettres; il nettoyait les fusils et fabriquait
des mouches pour la pêche; il guérissait les chiens
malades; il portait, dans une singulière enveloppe
de son invention, les messages des femmes aux
maris qui s'attardaient aux dîners du club; il sup-
pléait au besoin l'aide du docteur et portait les assignations du procureur. En un mot, Peter était toujours à la disposition de tout le monde, avec son
visage sérieux et ses réparties comiques. Jamais il
ne semblait fatigué; rarement il avait l'air pressé.
Il allait et venait dans toutes les maisons comme un
chat familier, et il faisait d'opulentes affaires, comme
tous les gens qui savent se rendre indispensables
pour la solution de mille petites difficultés que chaque jour amène. En très-peu de temps Peter sortit
ainsi, comme un véritable papillon, de son cocou
ou de sa chrysalide. La jaquette de chasse dégue-
nillée fut mise à la réforme et remplacée par un habit vert d'ample dimension, garni d'une infinité de

7

poches et assez pimpant pour être porté par le premier garde-chasse de milord Browse. Son gilet ouvert laissait voir un linge d'une blancheur irrépro-
chable. De la tête aux pieds, il était un exemple de
ce que l'on gagnait à être en crédit près des princi-
paux marchands, et cependant il ne s'était pas
donné de maître. Il commença même à ne plus se
charger de simples commissions, excepté pour les
gens de qualité. Un état-major de jeunes garçons
manœuvrait sous ses ordres ; et lorsqu'il accompa-
gnait une partie de chasse, pourvu lui-même d'un
excellent fusil que lui prêtait un aubergiste chasseur, il avait tout l'air d'être là pour sa santé, pour
prendre de l'exercice et se livrer au plaisir du sport.
Rien ne rappelait en lui le pauvre diable dépenaillé
et mourant de faim, qui s'estimait trop heureux de
coucher dans une grange et d'accepter une assiettée
de débris de viande.

La faveur dont jouissait Peter n'était pas limitée
à nos amateurs de sport. Il semblait également
dans la confiance de personnes qui n'avaient jamais
manié un fusil, ni jeté une mouche à une truite.
S'il commença par les petits marchands, bientôt il
devint indispensable aux boutiquiers les plus hup-
pés. M. Tammy, le marchand de nouveautés de la
place du Marché, M. Tammy qui portait toujours
une cravate blanche et des escarpins, se promena
un soir dans son jardin, pendant plus d'une heure,
avec Peter ; miss Spark le regardait par un trou de
la porte ; elle ne le perdit pas un seul instant de vue,

et elle déclara à qui voulait l'entendre que Peter avait donné une petite tape sur l'épaule de Tammy en le quittant... à Tammy, élu marguillier pour l'année courante ! Cette histoire trouva d'abord des incrédules ; mais on ne put s'empêcher de remarquer que les progrès de la toilette de Peter, en fait de linge, dataient de cette promenade. Peu de temps après, Kinine, notre principal pharmacien et droguiste, grand orateur dans les meetings de la paroisse et première autorité scientifique de l'endroit, fut observé à son tour. Son garçon de pharmacie le vit étudier la géographie avec une vaste carte sous les yeux. Peter était souvent avec lui, et le crochet de fer voyageait rapidement sur la carte. A dater de ce moment, la ville entière sembla saisie d'une véritable rage, celle de rafraîchir ses études géographiques. L'Espagne et le Portugal étaient les localités spécialement en faveur. Tout le monde demandait au cabinet de lecture des livres sur la guerre de la Péninsule ; et le libraire de la place du Marché reçut en une seule semaine l'ordre de faire venir plus de trois dictionnaires portugais.

Quant à Peter, il devint le *lion* de l'endroit. Il déjeunait avec Smoker, l'aubergiste, amateur de chasse, dînait avec Tiles, le cordounier, prenait le thé avec Jolly, le boucher, soupait avec Kinine, le droguiste, et se livrait à de longues causeries avec le barbier et avec M. Closeleigh lui-même. On le priait de raconter l'histoire de ses campagnes, tâche dont il s'acquittait avec une grande onction. Chose

assez étrange ! les gens ne semblaient jamais se
fatiguer d'entendre les marches et les contre-mar-
ches de Peter, les batailles livrées par Peter, et
comment Peter avait perdu sa main. Seulement les
curieux faisaient remarquer qu'à la fin de ces récits,
Peter était toujours conduit avec mystère dans quelque arrière-salle ou dans le jardin, et que là il chu-
chotait une heure ou deux avec le maître de la maison en fumant une pipe et en buvant quelques
verres de grog ; jamais on n'avait vu Peter s'en
trouver plus mal, ni s'en tenir moins d'aplomb. Il
semblait au contraire s'imprégner de silence en
sablant les liqueurs fortes.

Cependant, malgré les plus rigoureux efforts pour
garder le mystère, on ne put l'empêcher de s'ébrui-
ter ; et on commençait à se dire à l'oreille que Peter
possédait un inappréciable secret, concernant un
trésor enterré durant les guerres. Les personnes qui
n'étaient pas encore dans sa confidence affectaient
un doute railleur ; mais le nombre des amis de
Peter croissait tous les jours.

Pour ma part, je n'étais pas encore arrivé à l'âge
où l'on court après l'argent. Mon cœur appartenait
tout entier aux chevaux, aux chiens, aux gilets
brodés, aux toilettes de fantaisie, tout cela mêlé à
des songes de Gulnares, de Medoras et de la jolie
Anne Blondie, la fille du recteur. Un trésor caché
m'eût fait bien moins désirer le patronage de Peter,
que son habileté à fabriquer une mouche de mai ; et
ce fut, en effet, à ma passion pour la pêche que je

dus d'être à mon tour initié au grand secret, qui depuis longtemps déjà courait les principales rues de la ville.

Par une belle soirée d'été, j'avais épuisé en pure perte toute ma science pour capturer une grande truite de quatre livres au moins, qui s'amusait à monter et à descendre nonchalamment à l'extrémité d'un étang profond, sous les racines d'un saule noueux à demi déterré; lorsque Peter se glissant sans bruit, avec ses grandes enjambées, à travers la prairie, fit soudain son apparition derrière mon coude :

« Voulez-vous me laissez essayer. master Charles, si je serais plus heureux que vous avec cette grosse friponne ? »

Je ne demandais pas mieux : Peter jeta ou plutôt laissa tomber la mouche, une mouche de son invention, aussi légère que le duvet du chardon, juste derrière la grosse truite, qui la goba en un clin d'œil; ce ne fut qu'un bond et un plongeon; mais dix minutes après, captive sous mon filet de débarquement, elle exhalait sa vie en palpitant dans l'herbe.

« Il faut toujours jeter la mouche derrière ces grosses truites, master Charles, si vous voulez qu'elles mordent. Jamais elles ne se donnent la peine de regarder une mouche placée devant leur museau. »

« C'est comme les gens riches ! » ajouta Peter avec un gros éclat de rire.

La capture de la truite devint l'occasion d'une causerie sur l'herbe, et, petit à petit, nous arrivâmes aux campagnes de Peter en Espagne et en Portugal. Je ne saurais rendre la flatterie onctueuse du personnage, la sympathie qu'il exprimait pour un véritable gentleman et un véritable amateur de sport, comme moi, ne ressemblant en rien à ces mendiants de colporteurs et de boutiquiers. Il me fit aisément comprendre que j'étais homme à dépenser de l'argent dans le grand style, si j'avais cet argent; et, après m'avoir donné à entendre qu'une belle jeune dame du voisinage avait confié à Peter (tout le monde faisait des confidences à Peter) sa préférence pour master Charles, il me confia, non sans beaucoup de circonlocutions artificieuses, l'histoire suivante, clé de la faveur qu'il avait acquise dans les rangs de l'honnête population de Muddleborough.

Durant la retraite sur Torres-Vedras on lui avait confié, ainsi qu'à deux de ses camarades, un fourgon chargé de caisses pleines de doublons d'or; mais à la suite d'une vive escarmouche, ils avaient dû se replier sur un couvent dans le puits profond duquel il avait fallu jeter pour le soustraire à l'ennemi le chargement du fourgon, sauf une seule caisse. Le même jour tous les compagnons de Peter avaient été tués; Peter lui-même blessé et porté à l'hôpital. En cet endroit de son histoire, il me montra une terrible cicatrice dans son côté.

Le contenu de la dernière caisse avait été en partie divisé entre eux, en partie enterré. Après sa lente guérison, Peter était allé rejoindre son régiment, alors en marche sur les Pyrénées. C'est à Toulouse qu'il avait perdu sa main. A son arrivée en Angleterre, on lui avait donné son congé et une pension. Ici il produisit ses papiers. Après bien des épreuves, il était enfin parvenu à retourner en Portugal, où il avait trouvé le couvent déserté et le puits à demi comblé de décombres. Il avait découvert aussi les quelques rouleaux de doublons enterrés, mais il s'était bien convaincu que, sans l'influence et le concours de quelque véritable gentleman, il ne parviendrait jamais à sortir le trésor du puits et du pays. Arrivé à ce dernier chapitre de l'histoire, Peter tira d'une des profondeurs de ses vêtements, un véritable doublon d'or, enveloppé dans une infinité de chiffons.

Comment ne pas ajouter foi à une histoire aussi circonstanciée, avec de pareilles pièces à l'appui! Il poursuivit en me disant que l'aubergiste, le droguiste, le cordonnier, l'armurier et beaucoup d'autres notables habitants étaient désireux de s'associer avec lui et de partir pour le Portugal. Tammy, le marguillier, ne se montrait pas moins disposé à mettre une somme ronde dans une aussi bonne spéculation; mais lui, Peter, préférait avoir affaire à un jeune gentleman intelligent et entreprenant; et si je pouvais décider ma riche tante à avancer l'argent nécessaire au voyage, une bagatelle de deux cents livres sterlings, il était prêt à renoncer aux plus belles offres de Tammy, de Kinlue, de Tiles, de Smoker et de tout le monde enfin pour partir avec moi tout seul et dévaliser cette nouvelle caverne d'Aladin. Tous les plans étaient faits d'avance : nous devions louer un vignoble, dépendant des anciens domaines du couvent, et après avoir retiré le trésor du puits, le bien empaqueter dans des barriques de vin de Porto, à double fond, et revenir en Angleterre partager le butin. J'épouserais alors une belle lady ; j'entretiendrais une meute et je serais à la tête des gentilshommes du comté ; quant à Peter, il était plus modeste et il se contenterait d'avoir un cheval, une couple de chiens d'arrêt et de mener la vie d'un squire de campagne.

Le roman n'était pas mal agencé et Peter le racontait de la manière la plus insinuante ; mais j'étais trop gai et trop plein de petits projets à moi, pour mordre à l'hameçon. Il était fort douteux d'ailleurs que ma tante Rebecca consentît à me donner deux cents livres sterlings, pour suivre en Portugal un Irlandais venu on ne savait d'où. L'idée d'abandonner Anne Blondie, ma favorite, aux soins exclusifs de mon rival, le jeune vicaire anglican, ne pouvait non plus me sourire. En conséquence, après avoir donné à Peter ma parole d'honneur de ne parler à âme qui vive d'un secret si important, je me séparai de lui à la Taverne du Pêcheur, où je lui payai quelques verres de grog et où je lui donnai pour le récompenser d'avoir contribué à la prise de la truite, l'unique demi-souverain dont j'aurais sous doute à disposer pendant toute la semaine.

Dans le cours du mois, Peter disparut. On observa que tous ceux qui l'avaient pris sous leur patronage, Smoker et Tiles, Jolly, Kinine, et Tammy, semblaient particulièrement charmés et prenaient un air mystérieux, quand ils entendaient le reste du public s'étonner de cette disparition sans tambour ni trompette.

Une semaine environ après le départ de Peter, mistress Jolly s'en vint trouver mistress Smoker pour lui demander si elle avait entendu parler de son mari. Mistress Smoker n'avait aucune nouvelle à donner, mais elle demanda à son tour à mistress Jolly si elle savait ce que pouvait être devenue cette brute de Smoker? Les deux femmes vérifièrent alors leur situation financière. Les deux maris avaient fait des ventes à leur insu et levé de l'argent. Smoker avait mis en loterie sa jument favorite Slap Bang, et Jolly non-content d'encaisser les plus grosses factures de la Saint-Jean avait encore enlevé le pot d'argent du grand-père de mistress Jolly. Tous les deux avaient emporté leurs habits des dimanches, leurs selles et leurs pistolets. Ce fut un terrible scandale et un cri de haro général que ne purent apaiser les lettres écrites par les deux maris disparus. L'une était datée de Londres, l'autre de Liverpool. Tous les deux disaient qu'ils avaient trouvé un moyen unique de faire fortune, sans courir de risque, et qu'ils seraient de retour dans trois mois. Les soupçons s'étaient un instant portés sur Peter : mais chose singulière ! tous les

deux demandaient précisément de ses nouvelles et
priaient, l'un qu'on ne lui fît pas payer son verre
d'ale quand il viendrait trinquer avec les buveurs,
l'autre qu'on donnât un morceau de bœuf ou de
mouton à son chien toutes les fois que cela lui serait
agréable.

Au milieu du tollé général, Peter descendit un
beau matin de l'impériale de la diligence de la ville
voisine de Muddleborough, et se glissa à l'improviste dans le cercle des commères de la taverne du
Cheval et du Jockey. Son histoire était courte cette
fois et positive. Il ne s'était absenté que pour aller
toucher sa pension. Il avait aperçu au Théâtre royal
de Covent-Garden, Jolly dans un état complet d'i-
vresse, mais il s'était abstenu de lui parler. Moins
d'une heure après son arrivée, Peter était enfermé
avec Kinine dans le laboratoire du pharmacien et il
passa la soirée entière avec Tammy, le marguillier.

La semaine d'ensuite on annonça que M. Kinine
vendait sa pharmacie et quittait la ville pour n'y
plus revenir. Les uns disaient qu'il allait étudier
pour se faire recevoir médecin ; d'autres qu'il avait
fait un héritage ; d'autres enfin qu'il était ruiné. Le
fait est qu'il partit et qu'on ne le revit plus à Muddleborough. La dernière fois que j'entendis parler de
lui, il faisait un cours public sur l'électro-biologie,
ou sur toute autre chose, — entrée deux pence par
personne.

Par une coïncidence assez bizarre, dans la même
semaine où Kinine céda la place à son successeur

Bluster, qui tient encore sa pharmacie, Tammy, le
marguillier, partit pour Manchester, sous prétexte
d'acheter des marchandises, mais ce n'était pas l'é-
poque de ses achats annuels. Il laissa la direction du
magasin au jeune Binks, qui devait plus tard épouser mistress Tammy. M. Tammy fut absent six mois.
Durant ce temps, la pauvre mistress Tammy disait
à qui voulait l'entendre qu'elle en avait perdu la tête;
et quand il revint, il était « aussi maigre qu'une
belette, aussi chauve qu'un vautour et aussi jaune
qu'une guinée. » Ainsi le déclarait miss Spark ;
mais très-peu de gens le virent, car il se mit au lit
et mourut, ne parlant dans son délire que de four-
gons, de trésor, de doublons d'Espagne et du traître
Peter. Le jour de son enterrement, tout fut connu.
Tammy était allé en Portugal avec Peter, qui, après
l'avoir conduit au milieu du pays, l'avait dénoncé à
la police comme un espion hérétique et était dé-
campé avec les mules, le bagage et tout l'argent
destiné à l'achat de la vigne, des barriques à double
fond, des voitures et de tous les compléments de
l'entreprise.

Le pauvre Tammy, après sa mise en liberté, s'était
vu forcé de regagner Oporto à pied et presque en
mendiant. Arrivé dans cette ville, la première personne dont il avait fait rencontre, au bureau de la
police, était son compatriote Kinine en train de
demander des renseignements sur ce coquin de
Peter, qui, après une bombance à Londres, avait
disparu avec ses malles et ses billets de banque, pro-

duits de la vente de son fond de commerce, pour
rejoindre Tammy en Portugal.

Quand la pauvre mistress Tammy raconta cette
triste histoire au déjeuner des funérailles, la bombe
éclata. Peter avait pris pour dupe la ville tout entière; chacun, depuis le savetier jusqu'au recteur,
avait placé des fonds sur le trésor portugais caché
dans un puits. Smoker tomba en faillite; Jolly fut
forcé de congédier son garçon-boucher et de tuer
ses bêtes lui-même. Tout le monde avait payé plus
ou moins cher le plaisir d'écouter les histoires de
Peter. Il avait escamoté les épargnes enfouies dans
les bas des vieilles femmes, l'argent économisé par
les jeunes servantes pour s'acheter des rubans; il
avait reçu cinquante livres sterlings et plusieurs
traités bibliques du recteur et deux fois autant,
plus un fusil tout neuf, de M. Closeleigh, mon patron. Le banquier lui avait donné cent livres sterlings, en ses propres bons d'une livre chaque. Enfin
le maître d'école du village voisin lui avait prêté ses
seules et uniques cinq livres. Somme toute, Peter
avait trouvé dans notre ville une véritable banque
de crédulité et il l'avait mise à sec.

Cependant Peter n'avait commis aucun délit tombant sous le coup de la loi anglaise. Il s'était borné
à dire des mensonges et à emprunter de l'argent
J'avais continué d'entendre parler de lui de temps
en temps, et toujours comme d'un homme à qui tout
réussissait, lorsqu'il y a quelques années, il fit la
bévue de conduire à Oporto un Américain avide de

trésors, mais difficile à jouer, dont il avait fait rencontre dans un wagon de chemin de fer. En cette occasion, l'Américain revint, et ce fut Peter qui ne revint pas. Quand on demanda à l'Américain des nouvelles de son compagnon de voyage, il répondit avec le plus grand sang-froid, « qu'ayant eu des difficultés avec Peter, il avait dû lui brûler la cervelle. »

L'HISTOIRE DE LA MÈRE (1)

Le voyageur... c'était un vieillard à l'aspect véné-
rable, qui dès sa première jeunesse avait été errant
sur la face du globe. Hôte des déserts, hôte des forêts, maintes fois il avait échappé aux périls de l'incendie, de l'inondation, des tremblements de terre.
Mais aux étranges aventures de ce long pèlerinage,
aux émotions de cette vie agitée avait succédé enfin
le repos d'une belle vieillesse, comme après les ar-
deurs et les tempêtes d'un jour d'été viennent la sérénité du soir et la paisible lumière de l'astre des
nuits. Dans ces courses incessantes le voyageur
avait conquis tout un monde de souvenirs, au milieu desquels sa mémoire, sympathique et bienveillante, aimait de préférence à retrouver un de ces
écrits qui parlent au cœur et le charment comme la
source que le pèlerin rencontre après une marche
pénible à travers les sables. Il aurait pu faire trem-
bler et pâlir ceux qui l'écoutaient par quelque
histoire terrible aux incidents dramatiques; mais ce
vieillard, simple comme un enfant, assis à notre

(1) Ce récit est en vers dans l'original. On peut supposer que
c'est une légende de la vie américaine que Charles Dickens a re-
cueillie dans son excursion aux États-Unis.

foyer, aima mieux faire couler nos larmes par l'histoire touchante des douleurs et des consolations d'une
mère.

Le hasard, nous dit-il, me fit rencontrer dans les
forêts du far-west américain un homme avec lequel
je contractai une chère et fidèle amitié. Souvent
parmi les vastes déserts on trouve plus tôt un ami
que dans notre vieux monde. Le mien était un
homme de noble race, qui, conduit par une humeur
romanesque, avait fixé sa demeure sous la hutte du
chasseur. Jeune, beau, doué des plus heureux dons,
à la démarche libre et fière, au regard vif, à la phy-
sionomie pleine de loyauté, il s'appellait Claude
d'Estrelle. Il avait choisi parmi les Indiennes une
compagne qui embellit pour lui ces solitudes; c'é-
tait la fille d'un chasseur, comme lui laissée orpheline dans la tribu de sa mère. Cette jeune fille l'a-
vait rencontré mourant dans la prairie déserte; elle
avait relevé sa tête délirante pour l'appuyer sur son
sein; elle avait rafraîchi son front brûlant au con-
tact de ses mains. Revenu à la conscience de lui-
même, Claude d'Estrelle l'avait aperçue penchée
sur lui comme le bon génie de la solitude; dans ses
yeux noirs il avait vu luire le premier regard de
l'espérance, ce regard où le sourire brille à travers
une larme, double expression de la joie et de la
crainte. Cette apparition avait fait naître en lui le
premier sentiment de sa passion pour celle dont la
pitié secourable l'arrachait à la mort, et il avait déjà
prononcé tout bas le serment de lui consacrer le

reste de sa vie si ses soins parvenaient à la prolon-
ger. Aussi avant que l'été se fût écoulé, le noble
Claude d'Estrelle avait pris pour femme l'Indienne
Léna.

Par une des soirées empourprées de l'automne
américain, quand les forêts sont dans toute leur ma-
gnificence, au milieu de la riche variété du feuillage, je vis pour la première fois la jeune femme de
mon ami. Nous nous rencontrâmes dans une clai-
rière, où de longues perspectives de feuillages aux
teintes variées allaient se perdre dans le ciel; et
tandis que nous regardions, une obscure arcade de
verdure s'illuminait soudain des rayons du couchant; des bosquets d'orangers semblaient lutter
d'éclat avec les nuages; çà et là, le feuillage de certains arbres, d'un rouge écarlate, prenait des teintes plus foncées dans l'air couleur d'ambre; une
pluie d'or tombait sur d'autres arbres toujours verts;
la cascade rejaillissait en riches pierreries, et le lac
étincelait comme un grand rubis sur le sein ver-
doyant de la forêt. Toute cette splendeur du désert
avait le calme d'un songe. On entendait le frôlement
même d'une feuille qui tombait, tant la forêt entière
restait silencieuse! La figure de Léna se détachait
flexible, élancée, sur ce fond lumineux. Claude
avait bien raison de demander si, de toutes les dames qui foulent les somptueuses salles des cours,
une seule pouvait rivaliser avec cette fille de la
forêt, portant pour toute couronne ses riches ban-
deaux de jais, aux reflets ondoyants. L'œil de Léna

était aussi doux que celui du faon; son teint, d'un brun clair, ressemblait aux dernières teintes rougeâtres du soleil couchant sur le ciel envahi par le crépuscule. Que de longues et délicieuses soirées je passai près de Claude, dans sa hutte solitaire, à côté d'un bon feu de pin, tandis que la gracieuse Léna l'entourait de ses caresses, comme une vigne sauvage pare de ses lianes le chêne de sa forêt natale. L'étrange magie de l'amour métamorphosait en palais cette retraite agreste. Nous interrompions nos causeries pour écouter le bruit des daims bondissant à travers le feuillage, ou le son de la cascade lointaine; et Léna, heureuse comme un enfant, nous prodiguait les richesses de son cœur, les fleurs du désert, les mélodieuses effusions d'une pensée naïve, la profonde poésie qu'avait développée dans son âme un long isolement. Claude souriait avec amour à sa chère enthousiaste. Il savourait le parfum de ces fleurs sauvages, sans songer à quelle rude épreuve le monde pourrait mettre un jour cette âme vierge et primitive. Il suffisait d'observer le regard de Léna pour sentir qu'elle était destinée à de grandes souffrances, car la fatale puissance d'aimer, hélas ! semble n'être donnée par la Providence qu'aux élus de la douleur, qui sont aussi les élus de Dieu.

Ce temps d'épreuve arriva enfin : cinq années de délices s'étaient écoulées pour Claude et Léna ; j'errais alors loin de leur demeure. Pour la seconde fois, Claude appuya sa tête fiévreuse sur ce sein fidèle,

mais il ne la releva plus... Pour obéir aux volontés
du mourant, Léna alla trouver le frère aîné de
Claude d'Estrelle avec ses deux enfants, présent qui
devait être bien accueilli d'une orgueilleuse famille
privée d'héritiers. Le frère prit les enfants, mais il
n'eut que des regards dédaigneux pour la mère,
dont le visage portait l'empreinte de la souffrance.
Il lui ordonna durement de s'éloigner, si elle voulait que ces mêmes enfants oubliassent un jour la
tache de leur naissance ; car l'union d'un blanc avec
une Indienne ne pouvait être plus légitime, à ses
yeux, que celle d'un blanc avec une négresse ; cette
union ne répugnait pas moins à l'orgueil du mauvais frère. Quoi! les abandonner! abandonner le
précieux legs de Claude! Non, rien ne saurait
étouffer l'amour maternel! Cependant, d'un regard
résigné, car le désespoir lui enseignait tout à coup
la feinte, Léna demanda à rester quelques instants
encore. La nuit venue, elle vola ses enfants et les
cacha dans la forêt. Pendant sept jours et sept nuits,
elle endura bien des souffrances, forcée d'aller chercher leur nourriture en secret ; mais un soir, elle
trouva son nid vide. Les cris de la mère, redeman-
dant ses enfants, ne purent fléchir la volonté de fer
du frère de Claude ; mais pour n'en plus être im-
portuné, il donna Léna au chef d'une tribu indienne, qui, pour un peu d'or, se chargea de la
tenir dans un humiliant esclavage, car, parmi les
siens, le sang blanc de son père faisait sa honte ;
mais le cœur de la femme, de quelque nom qu'on

la nomme, Indienne ou Anglaise, est toujours le même. Une mère comprit les douleurs de Léna et lui rendit la liberté.

La pauvre Indienne se mit alors à la recherche de ses enfants, à travers des régions sauvages, et hérissées de périls! Parvenue dans l'État lointain de l'Union, où habitait le tyran de sa destinée, elle le pria de l'admettre au nombre de ses esclaves, et de lui laisser respirer au moins le même air que ses enfants bien-aimés. Comme elle se résignait à ne plus porter le nom de mère, il consentit d'abord à lui laisser prendre sa part du travail sur le sol arrosé des sueurs et des larmes des autres esclaves. Mais il savait si peu ce que c'est que le cœur d'une mère, qu'il crut le dompter par le travail. Plus fort que la volonté du maître, l'instinct des enfants ne les trompait pas. Pour effacer dans leur esprit jusqu'à la mémoire de leur mère, il fit secrètement transporter Léna dans une plantation lointaine, sous le ciel brûlant et meurtrier de l'Afrique, horrible lieu, tout plein de misère et de larmes. Comment put-elle y vivre vingt années? Dieu seul le sait, Dieu, qui pour adoucir son cruel exil, lui envoyait toutes les nuits un songe où elle revoyait Claude et ses petits enfants (car dans son cœur, ils ne grandissaient jamais). Oh! dans quelle amertume s'écoulèrent son printemps et son âge mûr! Que le temps lui parut long et qu'il exerça sur elle de ravages! Ses cheveux noirs blanchirent. Le feu de ses yeux s'éteignit dans les larmes; mais son opiniâtre et

robuste espérance grandissait à mesure que les
années détachaient les plus frêles rameaux de la
tige. La fuite du temps ne pouvait rien contre son
amour; l'absence ne faisait que le nourrir; ses larmes mêmes l'entouraient d'une espèce d'auréole.
Les fatigues, les douleurs, la cruauté ne l'éprou-
vaient que pour montrer que cet amour ne pouvait
périr. La vie de Léna se résumait dans une seule
pensée : revoir ses enfants! Durant vingt années,
elle lutta donc contre le désespoir, et le désespoir
fut vaincu. Enfin, elle atteignit le rivage de l'Amérique. Le ciel mit dans le cœur d'un pauvre marin
plus de générosité que dans celui d'un des puissants
du monde; il prit Léna à son bord sans lui demander le prix du passage.

Léna atteignit le sol natal au déclin de l'année.
Étaient-ils morts ces chers enfants? L'avaient-ils
oubliée?... oublier leur mère! Oh! non, cela est
impossible! Elle allait, demandant son chemin;
l'ardeur du but la rendait forte. Des étrangers in-
souciants lui donnaient des nouvelles qui la faisaient tour-à-tour brûler et frissonner. Ils lui disaient qu'au bout d'un certain nombre d'années, son
cruel persécuteur était mort; qu'un autre frère de
Claude d'Estrelle, également célibataire, avait
voulu alors prendre chez lui les deux enfants; mais
que le fils avait préféré, comme son père, la forêt
sauvage à une chaîne dorée, et qu'il était devenu
habile chasseur. D'autres le disaient mort en bas
âge. Quant à sa fille, elle était l'orgueil de l'opu-

lente maison de son oncle, et partout on citait sa
rare beauté. Léna n'a pas besoin d'en savoir davantage. Ce n'est donc pas en vain qu'elle sera reve-
nue. Ses yeux se remplissent de larmes. L'un, au
moins, de ses enfants vit encore.

Bientôt Léna debout devant une belle jeune
femme dans un splendide salon, admire les longues
boucles de sa chevelure. Cependant elle réprime à
peine un soupir en pensant combien elle était folle
de croire qu'un petit enfant accourait à sa rencontre sur le seuil de la porte, se laisserait couvrir de
caresses et retrouverait son nid sur le sein de sa
mère comme aux jours d'autrefois. Ce n'en est pas
moins avec un joyeux tressaillement d'orgueil
qu'elle voyait sa fille si grande et si belle. « Léna! »
c'est le nom de sa mère et le sien, mais la jeune
femme ne se retourne pas à ce nom; ni au son de
cette voix.

Pauvre mère! Cette froide surprise! Ce doute!
Quoi! si peu émue! Elle a pourtant les yeux de son
père. Comment avec ces yeux-là, peut-elle regarder
d'un air si étrange le visage que Claude aimait tant?
Pauvre mère! Léna a perdu le petit enfant de ses
songes et peut-être ne trouvera-t-elle pas une nouvelle fille. Non, c'est impossible!

Elle a tant de souvenirs à évoquer pour réveiller
son instinct filial. Sûrement il lui suffira de lui
apprendre qui elle est.

Elle ne lui avait pas encore dit son nom. Elle embrasse ses genoux et cherche à attendrir son orgueil

on la pressant des plus touchantes questions de l'a-
mour maternel; à chacune, elle s'arrête pour épier
quelque émotion dans ce regard si froid! n'a-t-elle
donc pas vu, l'oublieuse jeune fille, ces mêmes yeux
la contempler lorsque dans son enfance elle trouvait à son réveil une femme penchée sur son ber-
ceau. Ces mêmes mains n'ont-elles pas orné souvent
sa tête enfantine d'une guirlande des fleurs de la
forêt, et cet air, cet air que son père aimait, combien
de fois elle s'est endormie en l'écoutant!

Une inspiration soudaine venait de faire jaillir
cet air de la poitrine de Léna. Ce n'était qu'un
chant pour faire dormir les enfants; mais elle voulait essayer de son influence. La douce et vieille
mélodie réveillerait peut-être les sympathies assou-
pies de la nature. Imagination bizarre en apparence
et née de la crédulité de l'amour! Cet air! oh,
comme la voix de Léna tremblait en le chantant! on
eût dit un long et douloureux soupir, le dernier
adieu de l'Espérance à la Joie et à l'Amour. Ce ne
pouvait être un air banal, que cette mélodie à laquelle Claude d'Estrelle lui-même avait adapté de
naïves paroles. Ces paroles et cette mélodie, ce visage si rêveur et si doux, cet œil plein de tendresse,
ces joues qui changeaient de couleur exerçaient un
charme bien puissant. La main de Léna s'était po-
sée avec amour sur la tête hautaine de sa fille émue
et sa fille ne la repoussait pas. Oui, les souvenirs de
son enfance semblaient à la fin se réveiller. Mais
silence! on entend des pas sur l'escalier, ce sont les

pas de l'homme que la fille de Léna aime et qui fier
de son sang ne voudrait jamais s'allier au sang in-
dien. Il y a lutte entre l'orgueil de la jeune femme
et le charme dont elle sent déjà l'influence : c'est
son orgueil qui l'emporte enfin et son orgueil l'é-
gare jusqu'à lui faire dire à sa mère : « Nous ne
devons jamais nous revoir ! » Après cet adieu cruel
elle offrit d'acheter le secret avec de l'or.

La pauvre mère s'enfuit comme épouvantée. Durant deux jours et deux nuits, elle poursuit sa route.
Ses pieds brûlants ne s'arrêtent plus. On était à l'é-
poque de la nativité du Sauveur ; les portes et les
cœurs étaient ouverts partout ; les amis resserraient
les liens de leur amitié et les ennemis se réconci-
liaient. Partout les lumières et les foyers étincelaient autour de Léna ; mais son sentier n'en était
pas moins glacé, triste emblème de sa destinée !
Cependant l'œil qui jamais ne se ferme et qui guide
les oiseaux dans le ciel, observait aussi ses pas.

Léna tomba enfin de lassitude, dans la troisième
nuit, sous un vieux chêne nu et dépouillé, ignorant
où elle était. Pour son imagination souffrante et malade, la neige semblait être la seule chose qui n'eût
pas changé en ce monde ; et ce fut sur la neige
qu'elle posa sa tête pour mourir.

Encore un peu plus loin, pauvre amie désolée !
soutiens seulement tes pas qui chancellent jusqu'au
premier coude du chemin. Mourir ici serait une trop
dure destinée. Tu n'es plus qu'à une portée de flèche
du bonheur. Écoute ! Quelle mélodie s'élève dans

l'air glacé de la nuit. C'est une hymne de Noël dont les doux sons parviennent sous le vieux chêne et excitent dans Léna au milieu de l'isolement de la mort le vague sentiment qu'un peu plus loin quelqu'un pourra recevoir son dernier soupir ; peut-être son corps épuisé fut-il un instant ranimé par la puissante et mystérieuse impulsion de celui qui l'avait conduit là. Ses pieds la traînèrent encore jusqu'à l'entrée d'un grand village écarté, à la porte d'une maison de prières. D'abord elle ne put voir, car l'éclat soudain des lumières aveuglait ses yeux appesantis ; elle ne put voir la foule composée de Peaux-Rouges et de Pâles-Visages, s'agiter, sous le souffle puissant d'un jeune et éloquent ministre de l'Évangile, comme les épis de blé sous le vent.

A la fin son oreille saisit ces paroles consolantes :
« Une mère même peut oublier, mais moi, je n'oublierai point, dit le Seigneur. » Et la grande et poétique langue indienne sortant à flots harmonieux de la bouche du jeune prédicateur, tandis que son imagination essayait de peindre cet amour auquel le Sauveur divin comparait celui qu'il éprouvait pour ses élus, le plus dévoué des amours terrestres, l'amour d'une mère.

Il racontait une histoire gravée dans sa mémoire et si semblable à celle de Léna, que Léna ferma les yeux de peur de dissiper en le regardant un bienheureux songe. Car tandis que son oreille savourait les sons de cette voix, une folle espérance s'élevait ou s'abaissait avec elle dans son cœur : « Et moi

aussi j'avais une mère, dit-il en finissant. Plût au
ciel que je connusse sa destinée ! J'ignore si elle vit
à l'heure où je parle, mais ce que je sais bien c'est
que, souffrante encore en cette vallée de larmes ou
en paix dans le ciel, elle n'a point oublié Claude
d'Estrelle ! » En entendant ce nom, Léna ne poussa
aucun cri, mais sa tête s'affaissa un peu plus sur sa
poitrine. Son existence fut un instant suspendue et
c'était une grâce de Dieu, car l'émotion l'eût tuée :
ni les paroles du ministre, ni les prières, ni les hym-
nes, ni le bruit des pas ne purent la tirer de sa longue extase et quand elle reprit ses sens, elle se
trouva appuyée sur le bras de son fils ; elle vit son
grand œil noir fixé sur elle et rayonnant de tendresse ; elle était sous le charme de ce regard, elle
eût voulu toujours rester ainsi. Son cœur se trouvait sans force contre l'excès du bonheur. Tout ce
qu'elle put dire fut de répéter les dernières paroles
du jeune ministre : « Non, elle n'a pas oublié Claude
d'Estrelle ! » Alors ses mains tremblantes cherchè-
rent à écarter les cheveux du front de son fils, pour
mieux contempler son visage. Tout en lui rappelait
celui qui n'était plus. La vie du jeune homme, con-
sacrée à la nature et à Dieu, lui avait donné de
vives perceptions. Son cœur était trop plein pour
qu'il pût parler ; mais il serrait sa mère dans ses
bras en versant de délicieuses larmes. Les femmes
sanglotaient à ce spectacle et les hommes d'une
écorce plus rude ne se sentaient pas moins atten-
dris ; les Indiens mêmes des forêts voisines pleu-

8

raient comme des enfants, quand un vieillard, plein
de sagesse et de reconnaissance pour l'auteur de
tous ces biens, calma toute cette foule émue par un
seul mot : « Prions ! »

Quelle douce soirée après tant d'infortunes !
Claude et sa femme, jeune et belle, s'empressaient
autour de Léna avec une joie fière. Le récit de ses
malheurs passés faisait couler leurs larmes ; ils pan-
saient ses pieds meurtris ; ils la faisaient asseoir
entre eux deux, et la jeune femme pressait ce front
hâlé, empreint de tant de souffrances contre ses cheveux blonds soyeux ou ses joues éclatantes de fraî-
cheur ; Claude ne pouvait non plus se lasser de baiser ce pauvre front. Jamais foyer domestique ne vit
une plus brillante, une plus heureuse nuit de Noël !

J'appris la fin de cette histoire, à mon retour
dans le pays, en partie par le fils de Claude et de
Léna, en partie par une femme qui ne pouvait prononcer le nom de sa mère sans une profonde amertume, sans une rougeur plus brûlante que la fièvre,
alors que tous les faux amis et tous les gens à gages
avaient fui loin d'elle, et que l'homme qui l'avait
épousée pour l'or de son oncle, n'osait approcher
d'un lit contagieux. Oh ! combien elle regrettait
alors ce visage aimant qu'elle avait si durement
repoussé ! Cette mélodie si triste et si touchante,
qui avait autrefois charmé le sommeil dans son ber-
ceau, hantait son souvenir au milieu de ses douleurs. J'allai chercher Léna, et Léna vint. Son
amour était l'amour véritable qui souffre en silence

et n'oublie que le mal. Léna pressait de ses lèvres
cette bouche brûlante, la disputant aux baisers de
la mort. Elle répandit sur cet esprit en proie au
remords, la rosée du pardon; la colombe céleste
finit par se poser sur la couche fatale avec un ra-
meau d'olivier. Il restait un dernier désir à la mourante, celui d'entendre l'air qui l'avait bercée. Léna
ne voulut pas lui refuser cette consolation. Elle
chanta donc au milieu de la chambre lugubre où
commençait à s'étendre l'ombre de la mort; elle
chanta son air favori; mais si sa voix s'efforçait
d'être calme, son cœur saignait, car elle savait que
celle qui l'écoutait, mourrait avec les derniers accords. Quand le chant qui berçait l'enfance de la
malade eut cessé de résonner, nous la trouvâmes
endormie du dernier sommeil.

Nous devions encore nous rencontrer souvent,
Léna et moi. Sa vieillesse ressemblait à une belle
soirée après une journée de pluie et d'orage. Elle
lisait d'un œil serein le Livre de la Vie arrivé pour
elle à ses dernières pages. Entourée de ses petits
enfants et de tous les petits enfants comme le divin
maître, cette femme simple et naïve, mais grande
par l'amour et la foi, semblait déjà appartenir au
ciel.

LE RETOUR DE L'ÉMIGRANT

ou

NOEL APRÈS QUINZE ANS D'ABSENCE (1)

Seize ans sont écoulés depuis le jour où, turbu-
lent et mécontent jeune homme, je quittai l'Angleterre pour l'Australie. Pour la première fois j'étudiai
sérieusement la géographie, quand je fis pivoter un
grand globe terrestre, afin d'y chercher l'Australie
méridionale, la colonie alors à la mode. Mes tuteurs,
j'étais orphelin, furent charmés de se débarrasser
d'un personnage si tracassier ; je me trouvai donc
bientôt le fier possesseur d'un lot de terre urbaine
et d'un lot de terre rurale dans la colonie modèle
de l'Australie méridionale.

Mon voyage fut assez agréable sur un excellent
navire, avec la meilleure table tous les jours, et personne pour me dire : « Charles, c'est assez de vin
comme cela ! » C'était dans des circonstances bien
différentes que se trouvaient beaucoup de mes com-

(1) L'Australie, avant la découverte de ses gîtes aurifères, a plus
d'une fois été le théâtre où Charles Dickens aimait à envoyer ses
personnages.   (172)

pagnons d'émigration. Parmi eux des pères et des mères de famille, avec leurs enfants, avaient quitté de comfortables demeures, de bons petits revenus, de jolies propriétés ou des professions respectables, séduits par les orateurs des meetings publics ou par ces éblouissants prospectus qui décrivent les charmes de la vie coloniale dans une colonie modèle.

J'appris à fumer, à boire du grog et à briser d'une balle de fusil ou de pistolet une bouteille suspendue à un bout de vergue. Nous avions à bord de très-aimables vauriens, des ex-cornettes, des ex-lieutenants, des anciens employés du gouvernement, des avocats sans cause, des médecins sans malades, des fruits-secs d'Oxford, la bourse aussi vide que la tête pour la plupart, mais de bonne mine et bien mis. Bon nombre avaient fumé dans de magnifiques pipes d'écume de mer, sablé le champagne, le bourgogne et le vin du Rhin, échangé des coups d'épée ou de pistolet, galopé dans les courses au clocher, et contracté des dettes dans toutes les capitales de l'Europe. Ces fils de famille fumèrent mes cigares, me permirent de leur payer du champagne, et m'enseignèrent, moyennant quelques menus frais, l'art de jouer au whist, à l'écarté et à la mouche dans le style fashionable; ils m'apprirent aussi à recevoir avec la hauteur convenable les avances des passagers du second ordre.

A la fin des cent jours de notre traversée, j'étais remarquablement changé, mais valais-je mieux? Là était la question : car mes nouveaux amis m'avaient inculqué leurs grands principes : regarder tout travail comme dégradant, et les dettes comme séant à merveille à un gentleman. Les idées que je m'étais faites d'une colonie modèle, avec tous les éléments de la civilisation, telle qu'on nous la promettait à Londres, furent un peu renversées quand j'aperçus en débarquant, dans l'espace même que devait envahir la marée haute et sur la plage sablonneuse, des monceaux de meubles, un ou deux pianos, un grand nombre d'armoires et de commodes, et, — je m'en souviens surtout, — un grand coffre en chêne bardé de fer, à moitié plein de sable, et vide du reste. La cause de cet abandon de mobilier me fut clairement expliquée par la demande qu'on me fit de dix livres sterlings pour transporter mes bagages à la ville d'Adélaïde, distante de sept milles du port, sur un chariot attelé de bœufs. Notez que lesdits bagages ne formaient pas la moitié du chargement. La ville même d'Adélaïde, si magnifique en aquarelle dans les salons de la Société d'émigration à Londres, n'était à cette époque qu'un amas pittoresque, si l'on veut, mais à coup sûr très-peu comfortable, de tentes en toile, de huttes en boue, et de cottages en bois, un peu plus grands que le chenil d'un chien de Terre-Neuve, mais dont la location coûtait aussi cher que celle d'un manoir rural dans n'importe quel comté d'Angleterre.

Mon intention n'est pas de raconter ici la rapide décadence de la colonie modèle et des colons de l'Australie méridionale, ni l'élévation et le progrès

des mines de cuivre. Je ne restai pas assez longtemps à Adélaïde pour être témoin de ces deux événements. Dans le premier sauve-qui-peut général,
j'acceptai l'offre d'un homme qui, sous une rude
enveloppe, avait de grandes qualités, une espèce
de diamant brut, un colon de la vieille colonie, qui
avait traversé tout le pays pour venir vendre aux
Adélaïdiens un lot de bêtes à cornes et de chevaux.
Je fus redevable de sa faveur à l'habileté que j'a-
vais déployée en saignant un poulain de prix dans
un moment critique. C'était l'une des rares choses
utiles que j'eusse apprises en Angleterre. Tandis que
mes fashionables compagnons, cruellement désap-
pointés s'enivraient jusqu'à se donner le *delirium
tremens*, s'enrôlaient dans la police, acceptaient des
emplois de bergers, piquaient l'assiette « de gens de
rien, » suppliaient les capitaines en partance de les
laisser regagner l'Angleterre sur le gaillard d'avant;
il m'offrit de m'emmener avec lui sur sa terre dans
l'intérieur, et de faire de moi un homme. Tournant
le dos à l'Australie méridionale, j'abandonnai à la
nature mon lot rural, situé sur une hauteur inacces-
sible, et je vendis mon lot urbain pour cinq livres.
Le travail, je commençai à m'en apercevoir, était
le seul moyen de se tirer d'affaire dans une colonie,
plus encore qu'ailleurs.

Me voilà donc parti pour le *Bush* (1) lointain et les

(1 Le mot *Bush* qu'on ne peut guère traduire littéralement, et
que le mot *buisson* rendait très-mal, signifie un lieu couvert encore par la forêt ou les broussailles primitives; quelque chose
comme les maquis de la Corse.

plaines solitaires d'un district où la colonisation ou
était à ses débuts; constamment exposé aux atta-
ques des sauvages Indiens, constamment occupé à
surveiller les bergers presque aussi sauvages du
gros et du petit bétail de mon nouveau patron, tantôt passant des jours entiers à cheval, tantôt forcé
de donner toute mon attention aux détails d'un vaste
établissement agricole, j'eus bientôt fait « peau
neuve. »

Mes prétentions fashionables se trouvaient mises à
néant; ma vie devint une réalité qui dépendait de
mes propres efforts. Ce fut alors que mon cœur
changea à son tour; ce fut alors que je commençai
à penser tendrement aux frères et aux sœurs que
j'avais laissés derrière moi et tant négligés aux
jours de mon égoïsme. Rarement l'occasion de leur
faire parvenir mes lettres s'offrait plus de deux fois
l'an; mais la plume, qui me répugnait tant jadis,
devint ma grande ressource aux heures de loisir.
Combien de fois, assis dans ma hutte, j'ai passé une
partie de la nuit à confier au papier mes pensées,
mes sentiments, mes regrets! Cependant le feu
allumé devant cette hutte et autour duquel étaient
étendus mes hommes endormis, me faisait souvenir
que je n'étais pas seul dans le grand désert pastoral
qui se déroulait à plusieurs centaines de milles autour de moi. Puis soudain des sons étranges parlaient à mon esprit comme la voix de ces contrées
étranges où j'étais transplanté. C'étaient le hurle-
ment du dingo, espèce de chien-loup, rôdant autour

de nos bergeries; l'aboiement de défi des chiens vigilants; le cri des oiseaux nocturnes; les chants
sauvages des indigènes exécutant sur les hauteurs
montagneuses leurs danses fantastiques, et jouant
des drames où ils représentaient le meurtre de
l'homme blanc et le pillage de ses troupeaux. Quand
ces bruits parvenaient à mon oreille, mes yeux se
portaient instinctivement sur le râtelier auquel
étaient suspendues mes armes chargées, et hors de
la hutte, à l'endroit où le rebelle irlandais O'Donohue
et l'ancien braconnier Giles Brown, transformés en
sentinelles fidèles, se promenaient en long et en
large, le fusil sur l'épaule, prêts à mourir plutôt que
de se rendre. Dans ce vaste désert, tous les petits
soucis de la vie des cités, toutes les petites roueries
de la spéculation, tous les petits moyens de garder
les apparences, devenaient inutiles et s'oubliaient
bientôt. Non-seulement je lus et relus le peu de
livres que je possédais, mais je les appris par cœur.
Si, dans la matinée, je fatiguais les chevaux pour
faire mes rondes, si je maintenais la paix entre mes
hommes par de rudes paroles et même par des coups;
assis à l'écart, dans la soirée, j'ouvrais la Bible et
je me laissais absorber tout entier dans les pérégri-
nations d'Abraham, les épreuves de Job ou les Psau-
mes de David; puis, passant de la loi ancienne à la
loi nouvelle, je suivais saint Jean dans un désert
qui n'était pas sans ressemblance avec celui que
j'avais sous les yeux; ou j'écoutais, loin des villes,
« le Sermon sur la montagne. » D'autres fois, lors-

que je traversais à pied les forêts, j'y répétais le dialogue des personnages de Shakespeare ou, à l'aide d'une traduction de Pope, les discours des héros d'Homère, que je pouvais souvent m'appliquer à moi-même ; car, dans ces régions solitaires, comme ces héros, j'étais chef guerrier et presque prêtre. En effet, survenait-il une mort, je lisais le service funèbre. Ce fut ainsi que je refis mon éducation.

Aux heures où je me rappelais mes amis négligés, les occasions perdues et les scènes riantes de mon comté natal, j'aimais surtout à me figurer que j'assistais encore aux fêtes de Noël dans ma vieille Angleterre bien-aimée.

Pendant notre été brûlant du mois de décembre, en Australie, quand la grande rivière qui arrosait et bornait nos pâturages n'était plus qu'une suite d'étangs, en grande partie desséchés, quand nos troupeaux pantelaient autour de moi, à l'heure tranquille du soir ; quand les étoiles, brillant d'un éclat inconnu aux climats septentrionaux, réalisaient l'idée de la nuit bienheureuse où l'étoile de Bethléem apparut et guida les rois d'Orient dans leur pieux pèlerinage, mes pensées voyageaient à travers la mer. Je ne sentais plus la chaleur étouffante ; je n'entendais plus le cri des oiseaux de nuit ni les hurlements du dingo. J'étais au-delà des mers, au milieu de ceux qui célébraient la Noël ; je voyais les joyeux visages de mes proches et de mes amis rayonner autour de la table de Noël ; on disait les grâces ; on proposait un toast... un toast aux absents ; lorsqu'on prononçait mon nom, les plus gais visages devenaient tristes. Alors je me réveillais de mon rêve ; je me retrouvais seul et je pleurais. Mais une vie d'action ne laisse pas de temps pour les chagrins inutiles, bien qu'elle en laisse assez pour les réflexions et les projets d'avenir. Je résolus donc, après beaucoup de visions semblables, qu'un temps viendrait où par une belle soirée de Noël, l'Australien lui-même répondrait au toast porté : « aux amis absents! »

Ce temps est, en effet, venu, l'année même qui a terminé le dernier demi-siècle. Un travail sérieux, une sage économie m'avaient fait prospérer. Le riche district, dont j'avais été l'un des premiers pionniers, s'était colonisé et pacifié sur toute l'étendue qu'embrasse la rivière. Les sauvages Myals s'étaient laissé apprivoiser, avaient renoncé à leur indépendance et s'offraient eux-mêmes pour garder nos troupeaux. Des milliers de bêtes à laine sur les collines et de bêtes à cornes dans les riches prairies m'appartenaient ; la hutte d'écorce s'était changée en un cottage entouré de balcons comme les châlets suisses. Intérieurement les livres et les tableaux ne formaient pas une insignifiante part du mobilier. J'avais des voisins à la distance d'une promenade à cheval ; et de douces voix d'enfants réveillaient souvent l'écho du rivage.

Alors je me dis à moi-même : « maintenant je puis retourner... non pour ne plus revenir, car la terre que j'ai conquise sur le désert sera ma demeure

pour le reste de ma vie; mais je retournerai pour
serrer les mains qui depuis tant d'années désirent
serrer les miennes; pour sécher les larmes que des
sœurs chéries répandent, quand elles pensent à moi,
le banni volontaire; pour prendre sur mes genoux
ces pauvres petites à qui l'on apprend à prier pour
leur oncle dans un lointain pays au-delà de la vaste
et profonde mer. » Peut-être avais-je aussi l'arrière-
pensée de décider quelque visage de la vieille Angleterre, quelque vrai cœur anglais, à partager ma
demeure pastorale.

Je retournai donc, et je foulai de nouveau le sol
de la mère-patrie. La folle attente du jeune homme
avait été déçue; mais j'avais réalisé de meilleures
espérances. Si je ne revenais pas chargé de trésors,
pour rivaliser avec les objets de ma juvénile et jalouse vanité, je revenais reconnaissant, satisfait de
moi-même, indépendant, pour revoir une fois encore mon pays natal et retourner me fixer sur la
terre de mon adoption.

On était au milieu de l'hiver, quand je débarquai
à un petit port de l'extrémité occidentale de l'Angleterre, car mon impatience me fit profiter, durant
un calme dans le canal d'Irlande, du premier bateau
de pêcheur qui nous accosta.

Plus nous approchions, plus croissait mon impatience d'être à terre. Je voulus absolument me mettre à l'une des rames, et, à peine le bateau eut-il
touché le fond, que me jetant dans l'eau, je gagnai
à gué le rivage. Oh! gens du grand monde à qui la

vie est si facile! il y a des plaisirs que vous ne goû-
terez jamais, et parmi ces plaisirs-là, l'enthousiasme, l'admiration profondément sentie de l'habi-
tant des plaines pastorales, quand il se retrouve sur
le sol paternel, au milieu des jardins de l'Angleterre.

Oui, jardin est le seul mot qui exprime bien l'aspect de notre Angleterre, surtout dans l'ouest où le
myrte conserve sa feuille verte et lustrée, tout l'hiver, et où les routes, près de toutes les villes, sont
bordées de charmants cottages. Je trouvais, à chaque mille, un nouvel objet d'admiration; j'admirais
surtout le coloris frais et sain des gens du peuple.
Les robustes jeunes filles, au teint pourtant si déli-
cat, revenant en grand nombre du marché le panier
à la main, n'étaient pas la moins attrayante des surprises, pour un homme habitué, depuis longtemps,
à vivre dans une contrée où l'arrivée d'un joli visage blanc et rose était un événement.

L'approche de la première grande ville me fut
signalée par des indices moins agréables, et même
très-pénibles. Des mendiants, couverts de haillons,
se tenaient sur mon passage et invoquaient la charité du voyageur; d'autres personnes d'un extérieur
non moins digne de pitié, ne mendiaient pas, mais
semblaient si exténuées, si souffreteuses que mon
cœur saignait. Il n'y eut aucune des mains tendues
vers moi qui ne reçût mon aumône. Je donnais également à celles qui n'osaient la réclamer, au grand
étonnement du cocher, qui s'étonna bien davan-

tage quand je lui dis que je venais d'un pays où il n'y avait d'autres pauvres que les ivrognes et les fainéants.

A mon entrée dans une grande ville, le tumulte, le tourbillon des passants à pied, à cheval, en véhicules de toutes sortes, m'étourdit. J'eus une espèce de cauchemar. Les signes extérieurs de la richesse, les comforts de la civilisation, allant au-devant de tous les besoins imaginables, avaient un air tout à fait étrange pour moi qui sortais d'un pays où le travail valide était constamment requis ; où on n'hésitait pas à entreprendre le plus long voyage, à travers des déserts non frayés, avec une couverture et un pot d'étain, pour tout équipement et tout appareil culinaire.

Je consultai le maître de l'auberge pour lui demander si je pourrais gagner en deux jours le Yorkshire, car il me tardait d'être avec mes amis. « Si vous couchez ici ce soir, » me répondit-il, « vous pourrez arriver à temps demain, par le chemin de fer, pour prendre votre part de la fête de Noël... » Jamais je ne me serais imaginé cela, et je ne me faisais qu'une idée bien vague de ce que pouvait être un chemin de fer.

Arrivé, le lendemain matin, au débarcadère, juste à temps pour prendre place dans le train de départ, je fus un peu déconcerté quand, au bruit strident d'un sifflet, la locomotive se mit en mouvement et nous nous sentîmes emportés comme dans un tourbillon. J'avais honte de ma peur, et pour-

tant bien des gens dans ce convoi auraient reculé
durant un voyage de mer comme celui que je venais
de faire et trouvé peut-être plus effrayant encore
un des solitaires voyages à cheval dans le *Bush* de
l'Australie, qui me semblaient à moi tout naturels.
J'atteignis sans accident la station voisine d'York.
Là je devais prendre un moyen de transport particulier pour atteindre, par une route de traverse, la
maison où l'un de mes frères faisait valoir une ferme
de quelques centaines d'acres de ses propres terres,
et réunissait, je le savais, à l'époque de la Noël, le
plus grand nombre possible des membres de la
famille.

La petite auberge, dans laquelle j'étais descendu,
me fournit un cabriolet conduit par un postillon,
visiblement tombé en décadence. Quand je voulus
le questionner, je retrouvai dans mon nouveau
compagnon une ancienne connaissance. Cependant
je ne lui révélai pas tout d'abord qui j'étais. Mon
aîné de quelques années seulement, mais aigri par
la perte de son métier, menacé de la misère, n'ayant
plus qu'une santé ruinée, le pauvre postillon envi-
sageait la vie d'un tout autre point de vue que tous
ceux avec qui j'avais lié conversation. Sur toute ma
route à travers l'Angleterre, l'état de prospérité
visible des voyageurs de première classe m'avait
frappé. Pour lui, au contraire, il avait tout perdu,
son emploi et sa gloire ; il était obligé « de faire
tout, de porter tout, » au lieu de son ancien costume si pimpant, de son ancien métier si agréable !

Adieu la veste écarlate, adieu le joyeux galop, les
généreux pourboires des voyageurs, les bons dîners
des hôtels où s'arrêtaient les chaises de poste ! Dans
son humeur noire, l'infortuné avait à raconter vingt
histoires plus tristes que la sienne et dont les héros
étaient d'anciens maîtres de postes réduits à entrer
au dépôt de mendicité, des cochers mendiant leur
pain avec la main qui conduisait naguère quatre
chevaux à longues guides, des fermiers descendus
au métier de laboureurs salariés : ces récits se ter-
minaient par une lamentation sur la destinée de
ceux qui n'étaient pas assez forts pour suivre la
course du progrès en Angleterre. Je commençai
alors à reconnaître moi-même qu'il pouvait y avoir
deux faces à ce séduisant tableau qu'on admire à
travers les glaces d'un wagon de première classe.

Les jouissances du luxe, les douceurs de la vie
que procurent les taxes et les droits payés pour les
barrières, valent bien ce qu'elles coûtent pour ceux
qui peuvent les payer. Mais ceux qui ne le peuvent
pas, feront mieux de chercher fortune aux colonies.
Pensant et parlant ainsi, à mesure que j'approchais
de l'endroit où je devais apparaître à l'improviste
devant une réunion de mes parents, je sentais mon
premier enthousiasme s'évanouir. Mon cœur avait
d'abord été rempli d'une joie expansive par la fière
conscience d'avoir été l'artisan de ma fortune, et
par la beauté des scènes de l'hiver, car l'hiver cou-
vrant de ses blanches stalactites les arbres et le
feuillage, avait une éblouissante beauté pour des

yeux accoutumés, comme les miens, à la perpé-
tuelle et brune verdure de l'Australie semi-tropi-
cale. Je répondais gaîment au « bon soir, monsieur, »
des paysans qui passaient à côté de nous, et les
vigoureuses bouffées de ma pipe favorite mêlaient
leurs nuages à ceux qu'exhalait notre bête en sueur.
Mais les tristes histoires que le postillon se plaisait
à raconter avaient refroidi beaucoup ma bonne humeur. Je laissai ma pipe s'épuiser et s'éteindre;
mon menton retomba tristement sur ma poitrine.
Puis tout-à-coup je lui demandai s'il connaissait les
Barnards? « Oh! oui, il les connaissait tous. M. John
» avait eu une chance toute particulière, car le che-
» min de fer passait à travers une de ses fermes. Il
» avait mené un monsieur et sa dame aux noces de
» miss Marguerite et conduit une voiture de deuil
» à l'enterrement de miss Marie. La jument du ca-
» briolet avait appartenu à M. John; et ça avait été
» autrefois un fameux cheval de chasse. M. Robert
» l'avait traité lui-même pour des rhumatismes. »
Je lui demandai s'il ne connaissait pas d'autres
membres de la famille. Oh! si fait, je connais, c'est-
à-dire, je connaissais aussi M. Charles; mais celui-là
est parti pour les pays étrangers. Les uns disent
qu'il y est mort, qu'il s'est fait tuer, pendre... ou
quelque chose d'approchant; d'autres assurent qu'il
a fait fortune. C'était un fameux gaillard, celui-là.
Bien des fois il s'est mis en campagne avec quelqu'un de ma connaissance toute particulière pour
tendre des pièges aux lièvres ou enfumer des faisans

Je porte encore au front la marque d'un coup que
je reçus en tombant le jour où celui que je veux
dire mit un bouchon de genêts épineux dans la
queue d'un cheval que je dressais. C'était un drôle
de corps, sur mon âme ! Il ne restait guère de bon
sentiment dans le cœur du pauvre diable de postillon. La perte de son emploi, la misère, la boisson,
avaient terriblement changé le beau et vigoureux
gaillard qui paraissait avoir à peine dix ans de plus
que moi, à l'époque de mon départ d'Angleterre.
« Eh quoi ! Joe, » lui dis-je en me tournant tout à
fait vers lui, vous ne semblez pas vous souvenir de
moi. Je suis Charles Barnard. « Bon Dieu, monsieur ! » me répondit-il d'un ton pleureur et servile :
« Je vous en demande bien pardon. Vous êtes devenu un homme si important ! J'étais toujours sûr
que vous iriez loin. Ainsi donc vous allez dîner avec
M. John ! Ah çà, monsieur, j'espère qu'en faveur de
la vieille connaissance, vous n'oublierez pas ma tire-
lire de Noël ? » Je me sentis repoussé par ces paroles ; — j'aurais voulu être déjà de retour en Australie. Mon esprit commençait à concevoir des craintes
sur la sagesse de ma visite imprévue à ma famille.

Il faisait un beau clair de lune quand notre cabriolet entra dans le village. J'avais encore un mille
à faire à pied, car je voulais me débarrasser du ba-
vardage peu récréatif de Joe. Laissant donc l'ex-
postillon se régaler d'un souper chaud et noyer ses
soucis dans des flots d'ale, je marchai rapidement
jusqu'à proximité de la vieille maison, autrefois le

manoir patrimonial ; mais les terres en avaient été
depuis longtemps divisées. Je m'arrêtai. Mon courage faiblit au moment où je traversai la grille, dont
le bruit fit aboyer violemment les chiens. J'étais un
étranger pour eux. Les chiens qui me connaissaient
étaient morts depuis longtemps. Deux fois je fis le
tour de la maison, réprimant avec peine mon émotion, avant de trouver le courage d'approcher de la
porte. Les éclats de rire, la joyeuse musique qui
résonnait de temps en temps, les lumières qui vol-
tigeaient d'une croisée à l'autre dans les chambres
d'en haut, me remplissaient d'émotions à la fois
douces et pénibles qui depuis longtemps m'étaient
inconnues. Il y avait du roman dans ma mystérieuse
arrivée ; mais le roman a toujours sa part dans une
vie de solitude. Très-déraisonnablement, j'éprouvai
d'abord une certaine vexation de voir qu'on était si
joyeux en mon absence ; mais, l'instant d'après, de
meilleurs sentiments prévalurent. Je m'approchai
de la porte que je reconnaissais si bien, et je frap-
pai un grand coup. La servante ouvrit sans me faire
de question, car on attendait beaucoup de convives.
Au moment où je me baissais pour me débarrasser
de mon manteau et de mon chapeau, une jolie enfant en robe blanche descendit l'escalier en courant,
jeta ses bras autour de mon cou, m'appliqua un gros
baiser et s'écria : « Je vous ai attrapé sous le gui,
cousin Alfred. » Puis, presque aussitôt, en me regardant avec ses grands yeux bruns timides : « Qui
êtes-vous donc ? êtes-vous encore un nouvel oncle ? »

Oh! combien mon cœur se sentit soulagé! L'enfant avait saisi une ressemblance; je ne serais donc pas méconnu par les miens! Tous mes plans, tous mes préparatifs furent oubliés; j'étais au milieu d'eux; et je voyais, après quinze ans, le foyer de Noël, la table de Noël, les visages de Noël dont j'avais si souvent rêvé.

Décrire cette nuit-là me serait impossible. Longtemps après minuit, nous étions encore assis tous ensemble. Les enfants ne voulaient pas quitter mes genoux pour aller au lit; mes frères ne se lassaient pas de me regarder; mes sœurs étaient groupées autour de moi, baisaient mes joues barbues et brunies, et pressaient mes mains brûlées du soleil. Je verrai peut-être encore bien de nouvelles et riantes scènes de Noël, mais jamais une Noël semblable à celle qui accueillit le banni volontaire à son retour.

Cependant, quoique l'Angleterre ait ses bienheureuses saisons et ses joyeuses fêtes, en tête desquelles figure la Noël, et quoique cette Noël-là doive bien des fois encore revivre dans ma mémoire, je ne puis rester en Angleterre. Ma vie a pris le moule de mon pays adoptif. Là où j'ai fait ma fortune, là je dois en jouir. Les entraves, les conventions, les liens créés par les divisions infinies de la société, sont plus que je ne puis supporter. Le souci semble siéger sur tous les fronts, et, sur un trop grand nombre, le dédaigneux orgueil d'une supériorité sociale imaginaire.

J'ai trouvé le visage au teint de rose et le loyal

cœur de l'inconnue dont j'avais souvent rêvé dans
mes nuits solitaires. Une jeune personne écoutait
d'une oreille attentive, émue, durant la semaine de
Noël, les récits de l'Australien, que mes amis ne se
lassaient pas d'entendre; elle est prête à tout quitter
pour me suivre dans ma demeure pastorale. Je fais
actuellement mes préparatifs de départ, et ni la
société, ni les livres, ni la musique ne manqueront
dans ce qui n'était, quand j'y arrivai pour la première fois, qu'une forêt et un désert d'herbages,
peuplé d'oiseaux sauvages et de kangurous. Près de
vingt parents m'accompagnent, dont plusieurs pas-
sablement pauvres; mais là-bas peu importe. Dans
quelques années, vous verrez figurer l'établissement de Barnard-Town sur toutes les cartes d'Australie; et là, au temps de la Noël, comme en tout
temps, les hommes au cœur franc, les femmes au
bon cœur, trouveront toujours aide et sympathique
accueil, car je n'oublierai jamais comment j'ai dé-
buté moi-même dans ce monde lointain, berger
perdu dans la solitude, regardant luire les étoiles
dans un ciel sans nuages.

FIN.

TABLE

FIN DE LA TABLE.

Limoges. — Imp. E. Ardant et Cⁱᵉ.

Original en couleur

NF Z 43-120-B

BRILLANTES

DE

L'HISTOIRE DE FRANCE

PAR

ALBERT GUILLEMOT

Ancien Élève de l'École normale, ex-Professeur d'Histoire au Lycée de
Limoges, Officier d'Académie.

LIMOGES

EUGÈNE ARDANT ET Cⁱᵉ, ÉDITEURS.

www.ingramcontent.com/pod-product-compliance
Lightning Source LLC
Chambersburg PA
CBHW070407090426
42733CB00009B/1571